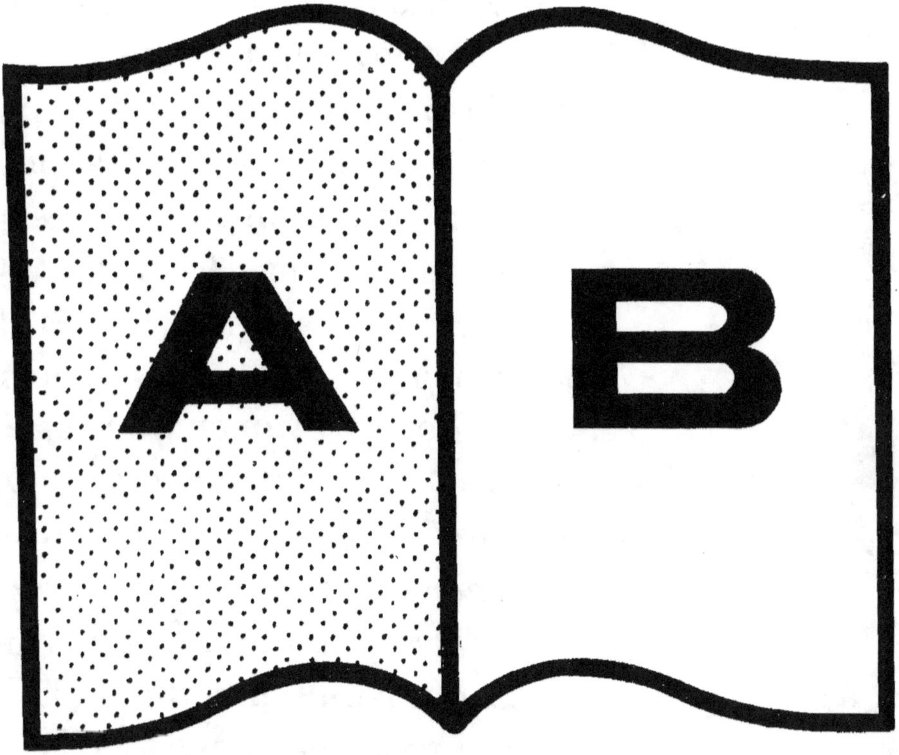

Contraste insuffisant

NF Z 43-120-14

l'autorité administrative elle-
répondait, en l'an 12, le mi
aux questions d'un préfet qui
cessité de supprimer plusieu
avant 1790, sur les rivières et
vigables de son département :
» faire supprimer sur les petit
» ceux des moulins ou usines re
» ne seraient pas fondés en tit
» autres dont la propriété est fo
» venu à ce sujet aucune décisi
» *on doit présumer que leur d*
» *être provoquée, en observant*
» *crites dans le cas où un par*
» *céder sa propriété pour cause*
    » Mais il importe de détermin
» tendre par un moulin, dont la
» *en titres* ; et je suis d'avis qu
» comme tels tous ceux qui ex

ESSAI ANALYTIQUE

SUR

L'HISTOIRE.

ESSAI ANALYTIQUE

SUR L'HISTOIRE

UNIVERSELLE,

Ou nouvelle méthode d'enseignement pour l'Histoire, ouvrage adopté, comme livre Classique, par le Conseil royal de l'instruction publique, sur le rapport de M. CHARLES DE LACRETELLE, Chevalier de la Légion-d'Honneur, Professeur à la Faculté des Lettres de l'Académie de Paris;

Par M. J.-L.-H. ROCHE, ancien élève du Séminaire de Toulouse, Membre de l'Université, et Maître de pension à Puylaurens.

Dédié à Mgr. ANNE ANT. JULES DE CLERMONT-TONNERRE. CARDINAL DE LA Ste.-EGLISE ROMAINE, ARCHEVÊQUE, PAIR DE FRANCE.

TOME SECOND.

PARIS.

A LA LIBRAIRIE ECCLÉSIASTIQUE,
Rue de l'Abbaye, n.º 3,
A LYON CHEZ P. C. RUSAND, IMPRIMEUR DU ROI.
A PUYLAURENS CHEZ L'AUTEUR.

—

1823

IMPRIMERIE DE BEAUCÉ-RUSAND.

ESSAI ANALYTIQUE

SUR

L'HISTOIRE.

TOME DEUXIÈME.

NOMS DES INTERLOCUTEURS.

ÉMILE.   DE VALMONT.
AMBROISE.   THÉOPHILE.
JULIEN,   AMÉDÉE.

ESSAI ANALYTIQUE

SUR L'HISTOIRE.

SEIZIÈME SIÈCL

Emile.

Des terres immenses, un nouvel hémisphère un autre monde, des sauvages, des antipodes jusques-là rangés parmi les conceptions chimériques, tel est, MM. le vaste champ ouvert de nouveau à l'évangile. La lumière va pénétrer jusqu'au sein des ombres de la mort. Dieu va renouer avec ses enfans des liens rompus depuis si long-temps, et rétablir les douceurs du commerce entre les branches de cette grande famille qu'on nomme le genre humain.

Amédée.

De quelle ingratitude, M. l'on va payer de si grandes faveurs! les Européens introduits dans les terres de l'or et de toutes les délices , loin de faire part de leurs biens propres à des frères heureusement retrouvés , et s'attendrir avec eux, ne pensent qu'à les asservir et à les dépouiller. Le seul empire du Mexique et du Pérou a été le théâtre des plus noires scélératesses ; mais ce n'est point à nous d'en retracer l'immense tableau. Les tristes victimes de la cupidité Européenne , perdirent jusques aux lieux où elles avaient reçu le jour. Après leur avoir pris tout leur or, on leur prit la terre qui le produisait , et ce qu'il y a de plus affligeant encore, des papes eux-mêmes les dépouillèrent en faveur des Castillans et des Portugais....

Emile.

Prenez garde , en parlant des vicaires du père équitable que tous les hommes ont dans le ciel, et des étranges donations, dont quelques-uns furent les auteurs , évitez de les trop charger. Soyez persuadé, Monsieur, que les papes n'entreprirent pas sur les états réglés des souverains même idolâtres et qu'ils disposèrent, tout au plus de terres vagues et sans population,

de ces régions inhahitées ou occupées par des
hommes qui n'en conservaient la nature que
pour la dégrader.

Amédée.

Convenez au moins que l'avarice, une fois
armée, ne distingua plus rien, qu'elle s'attaqua
aux peuples les plus civilisés et les plus nom-
breux comme aux plus opulents.

Emile.

Je sais que le nouveau monde devint la
pomme de discorde pour l'ancien. Mais aussi,
quels furent les effets de cette affreuse cupidité? Et de quel avantage fut au fond la découverte du Nouveau Monde? On eut plus d'or
et plus de besoins, plus de luxe et moins d'ai-
sance, moins de force, moins de mœurs et de
santé, moins de probité et incontestablement
plus de calamités qu'avant cette époque.

Ambroise.

Admirez toutefois, Messieurs, la marche de
la providence, et voyez comme elle fait servir
les passions même des hommes à leur départir
ses plus rares bienfaits. La soif de l'or attiré
les premiers Européens dans toutes les plages

du Nouveau Monde ; mais voyez y venir après
eux des apôtres altérés du salut de leurs frères,
qu'ils iront recueillir jusqu'aux extrémités des
terres inconnues qu'arrosent l'Inde et le Gange,
dans le vaste empire de la Chine, au Japon,
dans toutes les îles et presqu'îles les plus
reculées, en Afrique dans les déserts brû-
lans de l'Ethiopie, et dans l'autre hémisphère,
depuis la Zône torride jusqu'aux climats glacés
des Patagons et des Iroquois.

De Valmont.

Le zèle de tant d'hommes apostoliques, de
tant de zélés missionnaires, doit être pour l'é-
glise un juste sujet de consolation. Le succès
de leur ministère réparera les pertes effroyables
qu'elle va essuyer. Le tableau des scandales que nous avons à retracer dans ce seizième
siècle, me cause d'avance un juste effroi. Luther, Calvin, Zuingle, OEcholampade, Melan-
chthon, Osiandre que sais-je, un déluge soudain de sectaires; telle est la source des nouvelles épreuves, qui sont réservées à l'épouse
du Christ. Voilà d'où vont partir les traits qui
vont l'assaillir de toute part. Des réformateurs

impies feignant de diriger la barque de pierre faillirent à la submerger sans ressource.

Julien.

Et quelle put être la source fatale de ce déluge redoutable?

De *Valmont.*

Je vais vous l'indiquer en peu de mots. L'église toujours invariable quand aux fondements de la foi, avait besoin de réforme dans plusieurs de ses membres. On suppliait de toute part Jules II, de travailler à cette œuvre importante ; mais ce pontife guerrier qu'on voyait à l'âge de soixante-dix ans, malgré ses infirmités, remplir les fonctions d'un vaillant capitaine, était loin de céder à ces représentations. On voulut le déposer au conciliabule de Pise, où l'on vit, comme à Bâle, les redoutables effets de la discorde cléricale. Jules opposa le concile de Latran qui s'efforça de travailler à la réformation, mais qui ne l'opéra point. Cependant depuis quatre ou cinq générations, le cri de la réforme passait de bouche en bouche et devenait plus séditieux dans sa progression. Il étouffa dans une infinité de fidèles jusqu'au premier germe de respect, pour l'ordre ecclésiastique et pour l'église elle-même. A force d'entendre une foule de censeurs, sans mission et sans autorité, demander la réformation, on se figura qu'il n'y avait plus rien de sain dans le corps entier. Telle fut, Messieurs, la première cause du mépris et de l'emportement des peuples contre l'autorité vénérable de l'église. De-là ce débordement inoui de sectaires auxquels l'audacieux Luther donne le premier signal de la rébellion. L'histoire vous apprendra les causes particulières qui déterminèrent chaque hérétique à la pnblication de leurs erreurs.

Théophile.

Occupons-nous maintenant des règnes célèbres que nous offre le seizième siècle : donnons, en commençant, la préférence à notre pays.

Amédée.

Quel est ce monarque qui fixe pas ses bienfaits, sa bonté d'âme, sa clémence, les regards de toute la France, et que l'on nomme unanimement le père du peuple ?

Julien.

C'est Louis XII, duc d'Orléans sous le dernier règne, et descendant de Charles le Sage. C'est lui que la Tremouille avait fait prisonnier à la bataille de Saint-Aubin, et dont ce général craignait le ressentiment, « le roi de France, dit gracieusement le monarque, ne venge pas les querelles du duc d'Orléans. » Louis XII, après avoir réglé son royaume, diminué les impôts, établi des parlemens, voulut conquérir le Milanais auquel les droits de son aïeul lui permettaient de prétendre. Ludovic Sforce lui disputa cet état et ne soutint la lutte que vingt jours; il en reprit cependant la possession et força Louis de reprendre les armes. Dans quatre mois la France fut maîtresse du Milanais, de Naples et de Gênes.

De *Valmont*.

Une ligue se forme entre le pape Alexandre VI et Ferdinand le catholique, roi d'Aragon, et n'a d'autre objet que de chasser les Français de l'Italie.

Théophile.

Je saisis cette occasion pour appeler un moment votre attention sur la presqu'île, que les Pyrénées unissent à la France. Vous ne lirez pas sans un vif intérêt tout ce qui a rapport au règne de Ferdinand. Vous savez sans doute qu'il ne dut son élévation qu'à la générosité d'Isabelle, reine de Castille, princesse à jamais recommandable par sa piété, ses vertus chrétiennes et l'étendue de son esprit. La monarchie espagnole lui doit les îles Canaries, le nouveau monde, l'expulsion des Maures après la prise de Grenade, les exploits de Gonzalve de Cordoue; j'ajoute qu'elle seule donna à la couronne d'Espagne la prépondérance dont elle jouit long-temps en Europe.

Emile.

Vous oubliez, permettez-moi de le dire, l'événement qui fait le plus d'honneur à Isabelle. Sans doute que le choix d'un ministre tel que Ximènes est infiniment glorieux à sa mémoire.

Théophile.

Je suis charmé que ces Messieurs nous fournissent l'occasion de parler des deux ministres qui commeucent presqu'en même temps leur illustre carrière. Le cardinal d'Amboise, digne émule de Ximènes, ne fixe pas avec moins d'intérêt les regards publics. Etudiez, Messieurs, la vie de ces deux grands hommes; vous remarquerez dans Ximènes une profonde connaissance des hommes, ce qui lui donne assurément l'avantage sur le cardinal d'Amboise.

Ces deux ministres eurent chacun leurs faiblesses. Ximènes rechercha, dans le champ de l'Eglise, le titre d'évêque guerrier ; et d'Amboise dirigé sans doute par d'excellents motifs, ambitionna la papauté ; le bon cardinal dans ses prétentions à la thiare, se laissa jouer deux fois par le cardinal de la Rovère ; mais au milieu de ses fausses démarches, il signala son esprit de dignité et de modération. Il fut assez généreux pour supporter ces affronts sans témoigner ni murmures, ni ressentiment. Ximènes incapable de s'engager ou de se laisser prendre dans le dédale des intrigues italiennes se passionna pour la gloire et pour les expéditions militaires ; et ces exercices peu convenables à un prélat, servirent d'aliment à son noble génie. La modestie qu'il fit éclater après son expédition d'Afrique, prouve cependant que l'orgueil n'était point le mobile de ses grandes entreprises ; en effet, après avoir quitté le champ de la gloire, il sut se soustraire aux honneurs de la cour, et retourna humblement à Alcala se délasser parmi ses ouailles des fatigues de la guerre.

Emile.

Ximènes déclaré régent pendant la minorité de Charles-Quint, vengea les atrocités commises dans le nouveau monde. Il prouva par ces actes exemplaires de justice et de sévérité qu'on ne doit point imputer aux princes non plus qu'à la religion, les excès commis par les Européens. Reprenez la vie de Louis XII.

Ambroise.

Après avoir répudié Jeanne de France, Louis épousa Jeanne de Bretagne et en eut deux filles ; l'aînée fut promise au petit fils de Ferdinand, le fameux Charles-Quint, mais à des conditions si onéreuses que les états généraux s'opposèrent à ce mariage.

Julien.

La France eut été heureuse de pouvoir s'opposer de même à la ligue de Cambray. Ce traité impolitique conclu entre l'empereur et le pape Jules II contre les Vénitiens, fut extrêmement favorable à l'Autriche. Il fut l'ouvrage du cardinal d'Amboise qui se laissa tromper par la vengeance apparente que le pape et l'empereur voulaient tirer de cette république.

Amédée

Venise que nous avons vu s'élever à peine de ses lagunes jouait donc alors un grand rôle parmi les nations.

Julien.

Venise était parvenue à un si haut point de puissance qu'elle affectait le langage de l'ancienne Rome et traitait les souverains mêmes avec hauteur. Ses richesses étaient si immenses qu'elle semblait être devenue la patrie du luxe et des arts. Au commencement du seizième siècle, aucune marine ne pouvait rivaliser avec elle. Pise, Livourne n'étaient point encore de grands ports ; Gênes était déchue de sa splendeur ; Naples et la Sicile étaient le jouet des cours de l'Europe. Venise était devenue le centre du monde négociant. Chypre, Candie, la Morée lui appartenaient ; elle était maîtresse de la plus grande partie du royaume de Naples ; elle avait dans le Milanais plusieurs places imposantes ; elle trouvait dans son sein des arsenaux bien fournis, une marine redoutable, un grand nombre de matelots, d'habiles constructeurs, des troupes aguerries et bien payées. Aussi l'orgueil de cette république était-il à son comble.

Amédée.

N'était-elle pas seule en possession du commerce de l'Asie et des Indes orientales ?

Julien.

Elle seule était en possession des deux étapes de Constantinople et des ports de l'Egypte ; car c'est par ces deux routes que les marchandises de la Perse, des Indes, de la Chine et autres états asiatiques pénétraient dans la Méditerranée.

Emile.

Une puissance qui acquiert ce degré d'importance ne peut manquer de fixer les regards des nations et d'exciter surtout la jalousie de ses voisins.

Julien.

Tel fut aussi le motif de la ligue de Cambray. Du reste les Portugais contribuèrent bientôt à faire déchoir le commerce de Venise. La découverte du cap de Bonne-Espérance leur ouvrant une route aux Indes orientales et leur donnant la facilité de se procurer les marchandises de la première main avec un transport moins coûteux, ils écartèrent en peu de temps une concurrence que Venise ne put plus soutenir.

Ambroise.

Jules II obtint donc par Louis XII ce qu'il désirait et le chassa ensuite de l'Italie. Gaston de Foix fut envoyé contre le pape et ses alliés. Ce jeune héros repoussa les armées Suisses, gagna la bataille de Ravenne et expira couvert de lauriers. Avec lui périt la fortune de la France; dans trois mois, les Français furent hors de l'Italie.

De Valmont.

Le royaume fut alors attaqué de tous côtés. Maximilien-Sforce est établi dans Milan par les Suisses. Gênes reprend sa liberté. Henri VIII qui commençait en Angleterre sa désolante carrière s'unit avec les Suisses ; on se bat à Guinegate ; Terouane est assiégée ; Tournay est au pouvoir de l'ennemi ; les Suisses maîtres de Dijon osent imposer des lois.

Théophile.

Voilà pour Louis XII une situation bien

critique ; il sera forcé d'en venir à des négociations.

De Valmont.

Tel fut en effet l'expédient qu'il adopta pour remédier aux affaires. Il traite avec Léon X successeur de Jules II, promet sa fille à Maximilien, épouse Marie, sœur de Henri VIII, et donne en même temps un million d'écus d'or.

Théophile

Il meurt deux mois après son mariage, pleuré de tous les bons citoyens. Homme public, homme privé, on le chérit également ; on l'eut prôné davantage, s'il eût su conserver l'Italie, réprimer les Suisses et repousser l'Anglais. On eût désiré plus de méfiance à l'égard de Ferdinand. « Il m'a trompé, disait-il, quatre fois ; » et le fourbe empereur assurait l'avoir joué plus de dix.

Ambroise.

François I, gendre de Louis XII et premier prince du sang, commence sa vie politique. Vous verrez en lui de grandes qualités, mais plus d'une imprudence et surtout une confiance illimitée envers Louise de Savoie, sa mère. Notre jeune héros, qu'on a surnommé le roi chevalier , se fit connaître à Marignan où le conduisit l'ambition fatale de recouvrer l'Italie. Cette journée sanglante fut toute à la gloire de ce roi valeureux (*); les Suisses furent battus et forcés de rendre hommage à leur vainqueur.

Emile.

Le pape Léon X et le roi de France se rapprochèrent dans cette circonstance. Alors fut abolie la célèbre pragmatique sanction, appelée le palladium de la France. Envain les universités et le parlement s'opposèrent-ils à cet acte d'autorité. Le concordat fut subtitué à cet antique règlement. Par ce nouveau traité le pape accordait au roi de France la nomination aux évêchés et abbayes de ses états. Le roi rétablissait tacitement les Annates dont les revenus devaient enrichir le Saint Siége et dans la suite des temps appauvrir le royaume.

Amédée.

Je vous montrerai maintenant deux rivaux en présence. Ils entrent presqu'en même

---

(*) Le Maréchal de Trivulse l'appela la journée des Géants.

temps dans la carrière et vont s'y mesurer avec fierté ; Charles Quint énorgueilli de sa puissance, fort de ses immenses richesses, fatigue la fortune, à mesure quelle répand sur lui ses faveurs. Je le vois méditer avec son habileté ordinaire de vastes entreprises, répandre avec plaisir la terreur, exiger partout la soumission la plus prompte et la plus entière et affecter une domination étrange sur tous les cabinets de l'Europe. Tant d'ambition, de prétentions, de hauteur irritent trop vivement le caractère impétueux de François premier ; son ardeur impatiente s'échauffe, il ose affronter un adversaire si redoutable, et se couvre de gloire en concevant la seule idée d'entrer en lutte avec lui.

Emile.

Il ne lutta point avec un rival généreux : j'ai toujours considéré avec indignation les perfidies de Charles-Quint qui, au mépris de l'humanité et du droit des gens, faisait exécuter un ministre français à Milan et en faisait assassiner deux sur le Pô ; qui insultait à la loyauté de son adversaire en se jetant dans ses bras, à l'entrevue d'Aiguesmortes, pour lui faire des propositions insidieuses.

De Valmont.

Que pouvait-on espérer d'un souverain qui admettait toutes sortes de moyens pour assurer les effets de sa politique et qui ne rougissait pas d'employer dans ses négociations cet Antoine de Lèves dont toute la conduite fut toujours celle d'un brigand couvert de crimes?

Julien.

François était sûrement aveuglé, ou plutôt sa belle âme repoussait l'idée de tant de scélératesses. Aussi sa crédule confiance lui créat-elle partout des obstacles.

Amédée.

Un des plus considérables fut suscité par sa mère qui provoqua la défection du Connétable de Bourbon. Ce prince aigri par cette reine abandonna le parti de la France pour se jetter dans les bras de son ennemi. Le traître parut bientôt dans les rangs ennemis. La Navarre qu'on venait de subjuguer fut enlevée à la France ; le Milanais repris ; Toulon ne résista pas long-temps ; le siége de Marseille suivit de près ces catastrophes, et la bataille de Pavie vint mettre le comble à tant de malheurs.

Emile.

Le preux monarque assurant par cette fatale journée la supériorité de Charles-Quint écrivit à sa mère : « tout est perdu fors l'honneur ». Et tout était réellement consommé, si Charles-Quint avait su se borner.

Julien.

Le chevalier Bayard se trouvait-il à la journée de Pavie ?

Emile.

La mort le frappa au champ d'honneur ; mais ce n'est point à Pavie qu'il termina son illustre carrière. Ce preux qu'on appela justement le chevalier sans peur et sans reproche, commença d'acquérir sous Louis XII, cette renommée qui le fit proposer dans la suite pour exemple à tous ceux qui suivaient la carrière des armes. De quels traits admirables sa vie n'est-elle point remplie ! Je n'en rappellerai aucun ici pour vous ménager une plus grande surprise. Ce héros si digne d'être associé à la gloire de François I était auprès de son roi avant la bataille de Marignan. Ce prince voulut être armé chevalier de sa main ; Bayard se rendit à ses vœux et contribua puissàmment au gain de la bataille. Cet immortel guerrier suivit l'amiral Bonnivet en Italie et reçut le coup mortel à la bataille de Romagnagno.

De Valmont.

Il était près de mourir, pénétré du regret de ne pouvoir servir le roi plus long-temps; le connétable de Bourbon s'avance et reconnaît Bayard. comme il s'affligeait de son état : « Ce » n'est pas moi qu'il faut plaindre, dit Bayard, » mais vous qui portez les armes contre votre » roi, votre patrie et votre serment. »

Amédée.

La France perdit son roi. François gémit dans les prisons de Madrid; un traité onéreux procura la liberté du monarque. La guerre se rallume de nouveau et se termine par le traité de Cambray. François épouse alors Eléonore, sœur de Charles-Quint, et donne un million d'écus d'or pour la rançon de ses deux fils qu'il avait donnés en otages en sortant de sa prison.

Théophile.

Le désir invincible de posséder Milan, porta François I à repasser en Italie. Il prit la Sa-

voie dans cette expédition et retrouva son rival en Provence. Paul III ménage une entrevue
entre les deux souverains et procure, par sa
médiation, une trêve de dix ans.

Ambroise.

Charles apprend quelques temps après la révolte des Gantois. Il délibère s'il passera par
la France pour châtier les rebelles. La générosité Française détermine son choix. Ce
fut un spectacle assez étrange que de voir un
Empereur si redouté, se livrer sans défense
entre les mains de son ennemi. On conseillait
à François I de ne lâcher le prince qu'après
l'avoir forcé à révoquer le traité de Madrid;
mais le roi n'écouta que la voix de l'honneur.

Julien.

Charles-Quint promit alors à l'un des fils
du roi l'investiture de Milan, et n'imita point
la loyauté de son hôte. Cette infidélité ramène
la guerre, et donne lieu à la bataille de
Cérisoles, où le comte d'Enghien battit les
impériaux.

De Valmont.

La France s'unit alors à Barberousse, roi

de Tunis, aventurier fameux, qui faisait beaucoup de bruit dans le monde. On se promit
beaucoup d'avantages de cette union; mais
celle de Charles avec Henri VIII rompit toutes les mesures. Le luthéranisme fit diversion,
et renversa les projets de Charles-Quint, qui
fut contraint de lutter contre les princes luthériens d'Allemagne. Voilà ce qui fit signer la
paix de Crépy en Valois, après laquelle le monarque français mourut à Rambouillet.

Émile.

J'aime la bravoure et surtout la loyauté de
ce grand roi; mais il négligea trop la politique.
Son courage l'accompagnait toujours; c'est ce
qui entretenait en lui le désir d'étendre toujours son royaume. Mais il fallait gouverner
un peu par soi-même, et l'état était abandonné
aux caprices de la duchesse d'Angoulême, sa
mère.

Amédée.

François I, Monsieur, protégea les beaux
arts, et cette protection couvre bien ses défauts. Le collége royal fut fondé par lui; la
bibliothèque s'agrandit sous ses auspices; il sut
récompenser tous les talens en roi; aussi son
palais devint-il le palais de la politesse.

Julien.

Vous pouvez ajouter de la galanterie.

Théophile.

Charles-Quint mettra-t-il enfin des bornes à son ambition, et réprimera-t-il son humeur guerrière ?

Émile.

Il eut encore plusieurs démêlés avec le fils de son illustre adversaire. Henri II le vit fuir devant lui ; mais cet honneur se termina à la trève de Vaucelles, en 56. L'épuisement des puissances belligérantes fit prendre ce parti.

Amédée.

Je vois s'avancer en Picardie, un nouvel adversaire ; il amène avec lui une armée de 40,000 hommes, et à la tête de ces guerriers paraît Emmanuel Philibert, duc de Savoie, un des plus grands capitaines de son temps. Quelle est donc cette nouvelle puissance qui montre un appareil si formidable ?

Emile.

C'est le successeur de Charles-Quint, Philippe II. Vos alarmes ont quelque fondement.

(25)

La journée de Saint-Quentin fut si fertile en
désastres, que toutes les plaies de la France
furent rouvertes en un moment. Les vainqueurs perdirent quatre-vingt combattants ,
tandis que notre infanterie périssait , que l'ennemi retenait prisonnier le connétable de Montmorency et presque tous les officiers généraux;
tandis que tout préparait le deuil profond de la
France. Heureusement le duc de Guise, rappelé
d'Italie , vient rassurer la patrie , par la prise de
Calais, de Guines et de Thionville. Le duc de
Nevers ranime encore par d'autres succès
les cœurs abattus, ainsi que le maréchal de
Thermes et le maréchal de Brissac.

De Valmont.

Il était facile de faire alors un traité avanta-
geux; et tout le monde s'y attendait. Le roi
mal conseillé , fit une paix funeste aux grands
intérêts de l'état , car il perdit par ce traité
plus que les ennemis ne lui auraient enlevé
après trente années de victoires. Sa fille Elisabeth fut accordée à Philippe, Le duc de Savoie
épousa Marguerite, sœur de Henri II.

Julien.

Ce dernier mariage occasionna des réjouissances et des fêtes qui furent bientôt changées

en deuil et en consternation. Un brillant tournois se donna dans la rue Saint-Antoine. Le roi entra dans la lice et voulut rompre une lance avec le capitaine de la garde écossaise Gabriel, comte de Montgomery. La visière du roi fut rompue en joutant, et ce prince fut blessé mortellement.

Amédée.

Un roi qui est toujours en tutelle et qui ne fait jamais rien de son chef, doit répondre sans doute du mal que font ceux qui gouvernent à sa place. Telle fut sur le trône la conduite de Henri, quoique porté naturellement à la justice. Il toléra, de plus, les poésies lascives, et son exemple corrompit les mœurs de la cour. La galanterie fut l'emploi le plus ordinaire des courtisans.

Émile.

La fameuse Diane de Poitiers qu'il aimait éperdûment, et qu'il fit duchesse de Valentinois, exerçait un empire honteux sur ce monarque. Cette passion fut le mobile de toutes les affaires du gouvernement. On peut juger de l'ascendant de cette femme, quand on voit plier sous son autorité le grave Montmorency.

Théophile.

Je vous annonce le règne de François II.
C'est vous faire pressentir d'avance les maux
qui vont peser sur la France. François ne
restera que dix-sept mois sur le trône, et ce
court intervalle suffira à deux hommes re-
muants pour faire éclore tous les genres de calamités, et pour commencer la subversion du
royaume.

Ambroise.

Je vois bien que nous touchons à l'époque
désastreuse de la guerre civile en France. Je
désirerais bien que vous parlassiez du schisme
d'Angleterre, qui fut consommé par Henri
VIII, long-temps avant les guerres de religion.
Cependant je ne veux point contrarier vos
vues; si vous voulez encore nous montrer la
vie de quelques-uns de nos monarques, nous
vous écouterons avec plaisir.

Théophile.

Tout ce que nous allons rapporter touchant le règne de François II, Charles IX
et Henri III, vous prouvera, Messieurs,
avec quelle rapidité les sectaires répandaient
leurs erreurs. Une partie de l'Allemagne en

était infectée ; la Suède, par la médiation de Gustave son roi, venait d'adopter les nouveautés de Luther. L'Angleterre secouait à son tour le joug de l'église romaine ; la France, dans les desseins de Dieu, devait aussi avoir part aux déchiremens de l'Hérésie.

Julien.

Le fils de Henri II et de la trop fameuse Catherine de Médicis, à son avénement au trône, et François de Guise, ainsi que le duc de Lorraine, furent mis à la tête du gouvernement. Voilà les chefs du parti catholique. Car il convient de se fixer avant tout, sur les adversaires des deux partis. Antoine de Bourbon roi de Navarre, et Louis son frère, prince de Condé, virent avec inquiétude que la tutelle du roi fut confiée à deux étrangers ; d'un côté l'esclavage de la nation, et de l'autre l'éloignement des princes du sang et des officiers de la couronne, irritent leur fierté ; ils s'unissent aux calvinistes pour s'affranchir du joug, et détruire les Guises, protecteurs des catholiques.

De Valmont.

Fort bien, Monsieur, vous découvrez dans une seule phrase la véritable cause de cette guerre; ce fut l'ambition. La religion, ne vous y trompez pas, n'en fut que le prétexte; et c'est à cet unique motif qu'il faut attribuer le zèle apparent et forcené de tant de princes Luthériens, qui feignaient d'avoir tant à cœur la nouvelle doctrine. L'abaissement de la maison d'Autriche en Allemagne, l'extinction des Guises en France, voilà la cause indubitable de tant de ligues, de tant de soulèvemens et de massacres.

Amédée.

La conjuration d'Amboise fut le signal de la guerre civile en 1560. Elle fut prévenue à temps : les conjurés furent découverts et punis; mais les Guises n'en devinrent que plus despotiques. Il parut alors un édit qui déférait aux évêques la connaissance du crime d'Hérésie. Ce fut l'édit de Romorantin, dressé par le célèbre chancelier de l'hôpital. Ce grand homme prit cette mesure pour éviter l'inquisition. Les calvinistes ne purent plus tenir d'assemblées, et chaque parlement créa une chambre ardente pour y tenir l'œil.

Julien.

François II laisse un royaume en proie à la guerre civile; sa mort arrache à la main du bourreau le prince de Condé, chef du parti calviniste. On appella ce monarque le roi sans vice; on peut ajouter sans vertu.

Émile.

Une femme cruelle, placée entre deux factions, prend la résolution de les détruire l'une par l'autre, et attise elle-même les feux de la discorde civile. Charles, frère du roi défunt, n'a que dix ans, et Catherine prend les rênes de l'état avec le roi de Navarre, qu'elle fait nommer lieutenant du roi, pour mieux se l'attacher. Le colloque de Poissy entre les catholiques et les protestans, procure à ces derniers un édit favorable, mais qui produit un nouveau soulèvement : une foule de calvinistes sont massacrés à Vassy, sur les frontières de la Champagne; et François duc de Guise, y reçoit une blessure. On déclare Condé chef des protestans; ce prince surprend Orléans devenu le boulevard de l'hérésie, tandis que plusieurs villes sont emportées par les Huguenots. Le duc de Guise marche contre eux, les taille en pièce à Dreux, et meurt assassiné au siége d'Orléans.

Ambroise.

Sa mort ne changea rien aux affaires; tout

fut en effervescence. Charles IX, devenu majeur, attaqua l'Angleterre, et conclut bientôt un traité de paix. Il voulut ensuite visiter son royaume, et n'évita qu'avec peine les pièges que lui tendirent les calvinistes. Anne de Montmorency les défit à la bataille de Saint-Denis, et mourut en triomphant.

De Valmont.

Déjà le duc d'Anjou, que nous allons voir sur le trône, se montrait à la tête de l'armée royale, et battait Condé à Jarnac, et Coligny à Montcontour. Les deux partis se rapprochent après ces deux victoires, et le perfide Charles, instruit dans l'art de feindre et de dissimuler, donne sa fille au fils d'Antoine Bourbon, le célèbre Henri IV et ces apparences de réconciliation servent de voile aux complots les plus affreux.

Julien.

Le massacre de Saint-Barthélemy approuvé, excité par ce monarque, fut la suite de ces perfides démonstrations. Toutes les maisons des protestans furent forcées dans la même nuit, et ces malheureux égorgés sans distinction de rang , de sexe ni d'âge. L'Amiral Coligni fut lâchement assassiné, et son cadavre exposé à Mont-Faucon. C'est de lui que le féroce Charles disait : « le corps d'un ennemi sent toujours bon. »

Théophile.

Le massacre ayant été ordonné dans les provinces, le vicomte d'Ortès écrivit au roi : Sire, j'ai trouvé parmi vos sujets de bons citoyens, de fermes soldats et non pas un bourreau. Qu'on juge cependant à quel point devait être envenimée la rage des hérétiques. Ils se fortifièrent à la Rochelle, et le vainqueurde Jarnac ne put forcer la place. Depuis ce carnage à jamais détesté, Charles ne fit que languir ; il se plaignit d'avoir été roi. Les remords le déchirèrent, et il périt enfin avec des signes visibles de la céleste vengeance.

Amédée

Il est assez étrange MM. de voir, sous un règne aussi sanguinaire, le vertueux De l'Hopital s'occuper de la jurisprudence et rédiger, avec son habileté ordinaire, les plus sages et les plus salutaires loix.

De Valmont.

Je suis fâché , MM. d'interrompre le cours

de vos dissertations ; mais vous ne voudriez pas laisser passer une occasion de défendre la religion dont vous êtes les panégyristes. Or vous devez savoir que la philosophie, ou pour parler plus clairement, les incrédules de nos jours ont voulu rendre le christianisme responsable du massacre de la Saint-Barthelemy, comme de bien d'autres crimes commis chez les peuples chrétiens.

Emile.

L'homme raisonnable ne peut être arrêté par ces futiles objections. Pour sentir l'absurdité du raisonnement de nos philosophes, réduisez leur argument à ceci, et dites : il y a des guerres de religion, donc la religion commande de verser le sang. Il y a des voles, des assassinats, donc la religion ne réprime ni le vol, ni l'assassinat. Il existe de mauvais prêtres, donc la religion n'est que le manteau dont le clergé recouvre ses désordres. Que pensez-vous de ces belles conséquences ?

De Valmont.

Sans doute qu'elles répugnent au sens commun.

Emile.

Qu'on n'attribue donc pas au christianisme,

(34)

les guerres, les massacres et tous les forfaits
dont il a été le prétexte.

« Si je voulais raconter, dit Montesquieu,
tous les maux qu'ont produits dans le monde les lois civiles, la monarchie, le gouvernement républicain, je dirais des choses
effroyables.» (*) En effet, messieurs, les hommes abusent de tout, des alimens même
qui servent à les nourrir. L'incrédulité reproche arrogamment des crimes au christianisme, et c'est à l'incrédulité même que nous
devons demander compte de tous ceux qui
se commettent! Je le demande, et cette réflexion dissipera tous vos doutes. Qu'est-ce qu'un
voleur, un meurtrier, un avare, un prêtre im-
pitoyable? C'est un homme sans foi; c'est un
rebelle que la religion condamne à mort, s'il
ne se condamne lui-même au repentir; c'est un
incrédule, un athée conséquent ou le plus incon-
séquent des chrétiens. Continuons notre récit.

Ambroise.

Henri III, occupait le trône de Pologne,
quand il se hâta de venir régner au milieu des
factions. La couronne appartenait à Henri
de Navarre, par la mort du duc d'Alençon;
mais le duc de Guise, pour l'arracher à ce

____

(*) l'Abbé F. de Lammenais. *Essai sur l'Indif.*

chef des protestans, forma sous le nom de
Sainte Ligue, cette association redoutable qui
désola le royaume.

Théophile.

Quel prince, Messiéurs, que Henri III !
que sa conduite et ses mœurs sont indignes du
trône ! Indifférent pour les affaires, il se livre
avec ses mignons aux débauches les plus abomi-
nables, et mêle la religion à la plus infâme
lubricité. Toutes ses momeries sacriléges donnaient sans doute plus d'éclat à ses vices. On
l'eut pris pour une femme aux soins puérils
qu'il prenait de son corps.

Julien.

Le feu de la guerre civile couvait sourdement. Henri s'en déclare le chef et s'unit au
duc de Guise contre son beau-frère et son successeur, le roi de Navarre. Les priviléges des
protestans sont révoqués, la ligue confirmée
par une bulle de Sixte-Quint. Voyez cependant arriver par la Guyenne et le Languedoc
les troupes qui suivent les bannières du Roi
de Navarre et de Condé.

Amédée.

Après la bataille de Coutras, où le duc

de Joyeuse fut vaincu par Henri, le Béarnais, car c'est ainsi que nous désignons Henri IV, offrit ses services au roi qui paya sa générosité par un refus.

Théophile.

Les Allemands allaient renforcer l'armée du roi de Navarre ; mais le duc de Guise se hâta d'empêcher la jonction et revint triomphant à Paris. Henri III, sortant de sa léthargie, vit tout d'un coup le péril qui menaçait le trône. L'extrême puissance d'un sujet ambitieux réveille ses alarmes. Il entreprend alors d'abattre la ligue et de défendre l'entrée de la capitale à son chef. Mais Guise paraît et rentre aux acclamations du peuple, tandis que le roi fuit honteusement à Blois et y convoque les états généraux.

De Valmont.

Le rebelle eut l'audace de s'y rendre lui-même et de braver son roi devant l'assemblée de la nation. Cette étrange entrevue amène une réconciliation. Les deux princes se jurent à l'autel une protection mutuelle, et leur cœur médite cependant la plus terrible vengeance.

Emile.

Henri III prévint le rebelle ; Guise et son frère le cardinal furent assassinés et ces meurtres communiquerent à la Ligue un nouveau degré de fureur. Les séditieux se rangent à l'envi autour du duc de Mayenne, frère du duc assassiné, et le déclarent lieutenant-général de l'Etat et couronne de France. Ainsi s'exprime le conseil de l'union. Paris, Rouen, Dijon, Toulouse, Lyon se donnent de concert au nouveau protecteur de la Ligue.

Ambroise.

La cour de Rome lança contre le roi une sentence d'excommunication, le regardant comme assassin et parjure. Les membres les plus affectionnés au monarque furent victimes de la faction des seize, et emprisonnés à la Bastille. Ceux qui suivirent le parti des rebelles furent chargés d'instruire le procès criminel contre Henri de Valois, ci-devant roi de France et de Pologne.

Amédée.

Rome fut inexorable. Mayenne cède à son ressentiment, et le roi délaissé de tous ses sujets a recours au roi de Navarre qui fut

) assez généreux pour se rendre auprès du roi, accompagné d'un seul page. Les services dédaignés furent alors agréables et la nécessité produisit la confiance. Les deux rois marchent vers Paris, et la Ligue se voit menacée d'une ruine prochaine. Mais le fanatisme, seul auteur de la Saint-Barthélemy, arme d'un poignard un nouveau meurtrier. Jacques Clément, se disant envoyé par le premier président Achille de Harlay, vient au Palais de Saint-Cloud et se souille d'un parricide.

Emile.

La branche de Valois s'éteignit par la mort d'Henri, après deux cent soixante un an de règne. Elle avait donné treize rois à la France. Les anglais étaient entièrement expulsés et le royaume s'était accru par l'acquisition du Dauphiné, de la Bourgogne, de la Provence et de la Bretagne.

Julien.

Je crois, messieurs, qu'il serait à propos de quitter un moment l'histoire de France. Voyons les successeurs de cet Henri dont on a prédit en plaisantant le règne laborieux. Il dût être pénible à ses sujets, car à la fin de sa vie les concussions et les rapines commises

par ses ministres lui causèrent un si vif repentir, qu'il chargea son héritier de restituer les
biens mal acquis. Son avarice avait accumulé
dans un souterrain dont lui seul avait l'accès
dix-huit cent mille livres sterling (1).

Théophile.

Vous verrez dans Henri VIII, le contraste
le plus parfait. Aussi libéral que son père
était avare, il se livrait aux plus folles
dépenses, se trouvant toujours dans les tournois, dans les concerts, au milieu des festins
ou des jeux. Les études littéraires eurent cependant tant d'attrait pour lui qu'il laissait
volontiers à ses ministres la direction du gouvernement. Aussi quel prince a commis des
fautes plus lourdes en politique? Aucun roi
n'a été plus trompé que lui.

De Valmont.

Avez-vous remarqué sous Henri VIII, le
faste et l'orgueil du cardinal Volsey, ministre
employé si souvent dans les ambassades? Les
détails que l'histoire a rapportés à ce sujet

____

(1) La livre sterling valait 22 francs de notre mon-
naie.

sont incroyables. Ce prélat, fils d'un simple boucher, devint archevêque d'York, puis grand chambellan, enfin premier ministre. Parvenu à ce haut rang, il introduisit dans sa maison une magnificence, une richesse surprenante; un seul trait fera connaître le train qu'il affectait. Dans l'inventaire qu'on fit de se maison, on trouva mille pièces de toile fine de Hollande pour son usage particulier.

Amédée.

Dites-nous quelle fut la cause de ce schisme épouvantable qui sépara l'Angleterre de l'église romaine.

Emile.

La vengeance d'Henri VIII contre le pape Clément VII. Ce pontife refusait d'approuver le divorce de ce prince avec Catherine. Dès ce moment, tous les droits du Saint-Siége furent annulés en Angleterre, les monastères abolis et Henri VIII déclaré chef et protecteur de l'église Anglicane. Scandale inouï jusqu'alors et contre lequel s'élevèrent plusieurs magistrats respectables, entre lesquels se distingua le chancelier Thomas, qui résista ouvertement aux volontés du monarque et fut même insensible aux prières de son épouse.

De Valmont.

Le voluptueux Henri contracta successivement six mariages , et de six princesses qu'il épousa , deux , la fameuse Anne de Boulen et Catherine Hovard expièrent sur l'échafaud le crime de leur infâme complaisance.

Emile.

Le barbare et cruel Henri frémit au moment de sa mort. Les médecins l'ayant condamné , il les renvoya , disant qu'un criminel n'avait plus rien à démêler avec ses juges après la sentence. L'Archevêque d'Yorck s'approche de lui , et le monarque plein d'étonnement lui dit : Mylord quel monde est donc celui-ci, où ceux qui font mourir les autres sont contraints de mourir eux-mêmes? Il mourut en témoignant le plus vif repentir , mais une crainte excessive des jugemens de Dieu.

Ambroise.

Le jeune Edouard qui lui succéda ne parvint pas à la majorité. Les historiens le citent néanmoins comme la merveille de son siècle. A huit ans , il écrivait en latin des lettres à son père ; il connaissait le français, l'espagnol, et l'italien, et faisait des progrès étonnans dans les sciences.

Julien.

Quatre princesses prétendirent à la couronne. La cruelle Marie qui traita, durant son règne, les hérétiques avec tant de barbarie, immola à son ambition Jeanne de Gray en qui l'on reconnaissait un mérite accompli. Philippe II, roi d'Espagne, prince dur et sévère demanda Marie pour épouse et se rendit en Angleterre. Le flegme et la gravité du roi déplut à ses nouveaux sujets qui désiraient plus d'affabilité et n'étaient point d'ailleurs façonnés aux étiquettes de la cour. Philippe, dégoûté de Marie, dont il n'avait point d'enfans, délivra la cour de sa présence et se retira en Flandres. L'Angleterre perdit alors Calais. Le duc de Guise s'en rendit maître ; Marie fut si sensible à cette perte qu'elle assurait que, si l'on faisait après sa mort la dissection de son cœur, on n'y trouverait que cette ville.

Théophile.

Elisabeth règne après cette princesse. Vous lirez avec étonnement le récit de la cérémonie de son couronnement. Il se fit avec une magnificence qui n'eut jamais d'exemple en Angleterre ; mais Elisabeth nous occupera dans un autre moment. Je suis impatient de retourner à notre histoire et de contempler avec vous, messieurs, notre bon et magnanime Henri.

Amédée.

Voilà le roi de nos rois, celui dont les Français ne prononcèrent jamais le nom sans éprouver un sentiment d'amour et de reconnaissance. On se rappelle qu'il était brave, mais on se souvient mieux qu'il était bon ; car la bonté de son cœur surpassait toutes ses grandes qualités.

De Valmont.

Le prodige du règne de Henri ne peut se réduire en quelques lignes. Dans la vie de ce prince tout est intéressant. La multitude d'anecdotes qui ont été conservées sur lui, satisfait également et le cœur et l'esprit. On peut commencer à les lire par simple curiosité ; mais dès qu'on a lu les premières pages, il faut lire les autres avec intérêt. Quel plaisir secret n'éprouve-t-on pas en scrutant les dernières pensées de ce grand homme, de ne pas en trouver une qui ne soit pour le bonheur de ses peuples !

Emile.

Mais, traçons en peu de mots le tableau de

sa vie qui veut être étudiée à part. En lisant la vie publique d'Henri, dit un écrivain célèbre, l'homme d'état peut se former l'esprit; en lisant ses lettres à Sully, le plus simple bourgeois peut rectifier son cœur.

Amédée.

Henri IV avec une très-petite armée, un plus petit nombre de places importantes, peu d'amis et point d'argent, entreprend de conquérir son royaume. Mais il compte sur son activité et son courage, et ces deux grandes qualités vont suppléer à tout. La bataille d'Arques et celles d'Ivry, ses plus beaux faits d'armes le conduisent aux portes de la capitale, dont il emporte les faubourgs. La ville pressée si vivement est bientôt désolée par la famine et cette affreuse extrémité ne trouve pas le cœur du Béarnais insensible. Il veut être le vainqueur de ses sujets, mais il en devient auparavant le père; il fournit du pain aux malheureux habitans et ce trait de compassion touche peu ces furieux. En effet, les ligueurs réunis jurent après une procession solennelle, de mourir de faim plutôt que de se rendre; la famine redouble ses horreurs; le pain est à un prix excessif; la chair humaine

sert de nourriture , on dévore de tristes enfans.

Julien.

La cour d'Espagne va prolonger ces scènes
d'horreur en fournissant les moyens de soutenir le siége. Le duc de Parme marchant au
secours de cette malheureuse ville évite adroitement l'armée royale , jète des vivres dans
la place et se retire dans les Pays-Bas.

Théophile.

Enfin , l'ambitieux Mayenne se détermine
pour Henri IV. N'espérant plus la faveur de
la Ligue ni la protection de l'Espagne , il
remet la couronne au monarque légitime.
Henri fit son abjuration à Saint-Denis , fut
sacré à Chartres et vint, l'année suivante, prendre possession d'une ville qui admira bientôt
la clémence et les vertus du bon roi. Les ligueurs furent pardonnés. Le duc de Mercœur
qui soutenait la révolte dans son duché de
Bretagne vendit chèrement sa soumission.
Henri tourna dès-lors ses armes contre l'Espagne et signa bientôt après la paix de Ver-
vins ; il avait rendu quelques temps auparavant le fameux édit de Nantes par lequel il

accordait aux protestans le libre exercice de leur religion , et des pensions pour leurs ministres.

De Valmont.

Le clergé , les docteurs réclament vivement contre cet édit ; mais Henri en démontre la nécessité et allégue que la paix de l'état était le bien de l'Eglise.

Théophile.

Le duc de Savoie avait profité du trouble de l'état pour agrandir ses domaines ; il avait entraîné dans son parti le maréchal de Biron qui avoit commis une double trahison en se liant par un traité à l'Espagne et à la Savoie. Henri, songeant à punir le duc de Savoie de ses usurpations , voulut exiger du maréchal l'aveu de son crime. Biron ne voulut rien avouer , ne témoigna pas même le moindre repentir et provoqua de la part de Henri l'effet d'une justice devenue nécessaire.

Ambroise.

Quel est , messieurs , cette idée sublime attribuée à Henri IV , et à laquelle la reine

Elisabeth d'Angleterre parut digne d'être associée ?

Emile.

Henri IV se proposait, messieurs, de réduire la maison d'Autriche, ou de la resserrer dans son royaume d'Espagne et dans sa province héréditaire d'Allemagne ; de former ensuite un équilibre entre tous les états de l'Europe, en marquant à chacun des bornes immuables, et par là d'établir solidement la tranquillité universelle du monde chrétien.

Ambroise.

Qui l'empêcha donc d'exécuter ce vaste et noble dessein ?

Emile.

La mort qui vint le ravir à ses sujets, ou plutôt le fanatisme dont il subsistoit toujours un levain. Le fer de Ravaillac trancha les jours de ce monarque chéri. Je ne vous peindrai pas la consternation que produisit cette nouvelle désespérante, ni le deuil qui se répandit sur chaque famille. Le commerce fut suspendu ; les travaux de tout genre cessèrent : les gens de la campagne dont le

Béarnais était le père , couvraient par troupes les chemins pour interroger les passans et chercher en vain quelque lueur d'espérance.

Julien.

Paul V qui avait pris Henri pour médiateur dans sa querelle avec les Vénitiens , versa des larmes sincères en apprenant le coup fatal qui ravissait à la France le meilleur des rois ; vous avez perdu un bon maître , dit-il au cardinal d'Ossat , et moi j'ai perdu mon bras droit.

De Valmont.

Henri IV ne fut pas exempt de défauts et de faiblesses. Le jeu et les femmes ont été ses passions favorites. La dernière surtout l'eut entraîné dans bien des périls , si le ciel n'eût placé près de ce grand roi un Mentor sévère , le plus officieux ami , un ministre incomparable et pour tout dire , en un mot , un Sully. Ces deux hommes , créés l'un pour l'autre , travaillèrent de concert au bonheur de l'état, et leur nom , comme leur cœur , doivent à jamais être inséparables.

Julien.

Le règne d'Elisabeth, dont vous n'avez rapporté que le couronnement, offre sans doute quelque chose de plus intéressant pour l'histoire.

Ambroise.

Ce qui nous reste à observer n'est pas glorieux à cette princesse. Elle abolit le culte de l'Eglise romaine et ne conserva que la pompe et la magnificence des cérémonies qu'elle aimait; elle eut la témérité de prétendre à la création des cardinaux, mais elle en fut détournée par le chancelier Bacon. Elle témoigna beaucoup d'estime pour les sciences, visitant les universités d'Oxford et de Cambridge, harangnant elle-même les professeurs, et leur donnant des marques honorables de sa bienveillance.

Amédée.

Le supplice de Marie-Stuart est une tache nouvelle à la mémoire d'Elisabeth. Cette malheureuse reine, après la mort de François II, était retournée en Ecosse et s'y était mésalliée par deux mariages. Ses sujets, témoignant leur mécontentement, la forcent de chercher un asile en France; une tempête rejète ses vaisseaux sur les côtes d'Angleterre

Tome II.   5

et livre cette infortunée princesse aux mains d'Elisabeth. Craignant l'influence de Marie à l'égard de la religion réformée qu'elle n'aimait pas, Elisabeth la tint renfermée vingt ans dans le château de Frodigua. On prononça ensuite son arrêt de mort. Les derniers momens de Marie Stuart ressemblent à ceux du prince malheureux, dont la mort renouvelle tous les ans le deuil de la France. Elle parut sur l'échafaud et y montra la fermeté la plus héroïque. Un événement assez curieux marque la fin du règne d'Elisabeth. Ce même prince que nous avons vu quitter l'Angleterre et dédaigner la reine Marie entreprend la conquête de ce royaume. Il part de Lisbonne avec une flotte extraordinaire qu'il fait surnommer l'invincible. On y comptait en effet trois mille deux cents pièces de canon ; tous les vaisseaux étaient à l'épreuve de cet instrument terrible. L'expédition ne réussit pas ; une tempête brisa ou dispersa cette flotte redoutable et occasionna en Angleterre les plus vifs transports et les plus grandes réjouissances.

Théophile.

Nous avons différé, messieurs, jusqu'à présent, nos réflexions sur le célèbre concile de Trente que l'on peut regarder comme la fidèle image et le complément de tous ceux qui l'ont précédé. Il fut le dernier des conciles œcuméniques ; cette vénérable assemblée demandée si longs-temps et si long-temps refusée ou remise, foudroya les novateurs et renouvela les règlemens de l'ancienne discipline.

Emile.

Que de choses , messieurs, n'aurions-nous pas à dire , si nous voulions entreprendre l'éloge de cette illustre assemblée : pour faire connaître pleinement l'étendue des avantages que ce concile a procurés au monde chrétien, il faudrait exposer ici et approfondir ensemble tous les décrets qu'il a rendus. En faisant l'énumération des bienfaits qu'il a procurés à l'Eglise ou à la société , vous reconnaîtrez aisément l'esprit réparateur qui a dirigé , qui a préparé et suivi l'heureuse réforme de Trente.

De Valmont.

C'est là tout ce que vous avez à dire du concile de Trente ? Non , messieurs , il ne sera pas dit que vous n'ayez qu'effleuré une si belle matière. C'est le point le plus impor-

tant peut-être que vous ayez traité jusqu'ici.
Je ne crains pas d'être indiscret en vous sup-
pliant d'écouter ce que je vais ajouter à vos
premières réflexions. Il n'en est pas , messieurs , de l'Eglise comme des institutions
humaines. Le relâchement qui s'introduit
dans celles-ci emmène bientôt la décadence et
enfin la subversion entière. Pour l'Eglise ,
au contraire , plus le dépérissement est déplorable , plus la réforme et le rétablissement
sont prochains. Voilà , sans doute , la vérité
que le concile de Trente a portée jusqu'à l'évi-
dence , et qu'il faut bien retenir pour lire avec
fruit l'histoire de cette époque à jamais célèbre. Qu'avons-nous vu après ce bel âge de l'E-
glise pour lequel nous avons pu contenir à
peine notre admiration ? les débordemens de
la barbarie et de l'ignorance , des expéditions
mal conduites , l'oubli des pénitences publiques , des évêques livrés aux occupations et
aux intrigues séculières , des papes mêmes
devenus presque étrangers à Rome , portant à
la loi sacrée de la résidence une atteinte mor-
telle. Qu'avons-nous , en un mot , observé
dans l'Eglise , sinon le relâchement le plus
long dont elle ait eu à gémir. A la vue d'un
mal si extrême , les princes , les prélats eux-

mêmes cherchèrent avec empressement le re-
mède le plus prompt. Mais que de témérité ,
que d'emportemens , que de vrais attentats
n'a-t-on pas remarqué dans une foule de réformateurs sans titre et sans mission ! Pourquoi
donc avec d'aussi bonnes vues si peu de
succès ? c'est, messieurs, que la réparation
de l'édifice tout divin de l'Eglise ne devait
ni ne pouvait être l'ouvrage de l'esprit humain dont l'activité présomptueuse ne servit
en effet qu'à la reculer au lieu de l'avancer.
Dieu seul a donc conduit ce grand œuvre. Il a
premièrement soutenu son Eglise contre la témérité et les attentats de ces réformateurs , et
il a fait ensuite servir ces attentats même à la
conservation et au rétablissement de l'Eglise.

Emile.

Voilà, messieurs, des points de vue faciles
à saisir.

De Valmont.

Notre dessein n'est pas de les développer
ici. Cet examen entraînerait des longueurs
qu'il nous importe d'éviter. Ce que je dois
ajouter, c'est qu'après la tenue du concile de
Pise et de Constance l'on avait fait quelques
pas vers la réformation. Le concile de Bâle ,

qui procéda d'abord avec tant d'avantage pour la chrétienté, occasiona par son issue malheureuse tous les excès de la révolte et du scandale; et cependant, messieurs, ne perdez pas de vue la conduite de Dieu; l'Église avançait toujours vers sa réformation. En effet, après que le débordement des sectaires eut effrayé ce grand corps et que toutes les espérances de réforme paraissaient s'évanouir, Dieu qui fait jouer à son gré tous les ressorts de la politique humaine se servit des excès même du schisme et de l'hérésie pour redonner à son Epouse une vigueur et même une splendeur peu différente peut-être des grâces de son premier âge.

Au moment arrêté dans ses conseils éternels, il répandit son esprit sur toute chair et pour confondre les calomnies atroces des novateurs, il suscita une foule de pasteurs, tels que les Thomas de Villeneuve, les Barthelemy des Martyrs, les Charles Borrhomée, les François-de-Sales; et sur le trône apostolique, les Pie V, c'est-à-dire ces pasteurs qu'il donne à son peuple, quand il veut répandre sur lui la plénitude de ses miséricordes. Il suscita des patriarches et des apôtres dans les deux sexes, les Ignace de Loyola, les Gaëtan de Thienne,

les Philippe de Néri , les Vincent de Paul ,
les Pierre d'Alcantara , les Jean de Lacroix ,
les Thérèse de Cépède , les Angèle de Bresse,
les Françoise de Chantal , et tant d'autres
hommes ou femmes, dont les travaux , les
exemples , les disciples firent en peu d'années
refleurir les mœurs et la ferveur dans tous les
états.

Emile.

Malgré les obstacles sans nombre de l'im-
piété et de la politique , le Saint concile de
Trente est enfin convoqué, et comme vous l'a-
vez déjà observé , il s'occupa avec un succès
divin de la discipline ecclésiastique et du
rétablissement des mœurs ; mais avec quelle
modération , quelle longanimité ; quelle con-
descendance !

Julien.

Je voudrais bien connaître en peu de mots
les points principaux sur lesquels porta la
réforme.

Amédée.

La foi et les mœurs, voilà ce qui intéressa toujours uniquement les pères du Concile de Trente, dignes organes de l'esprit saint. Ils attaquè-

rent donc successivement, mais avec la plus parfaite liberté, l'incontinence, la simonie, monstre qui lui est comparable, les bénéfices obtenus par faveur et refusés au mérite, et surtout leur pluralité scandaleuse. Il commanda sous les peines les plus graves, la résidence si long-temps et si vainement recommandée. Il rétablit, et ce bienfait mérite attention, il rétablit d'une manière solide et à peu près inaltérable la bonne harmonie entre les papes et les rois ; il fit renaître la bonne intelligence et la confiance réciproque entre les successeurs de Pierre et ceux des autres Apôtres. Mais l'œuvre la plus importante peut-être, celle qui fit répandre des larmes de joie aux pères de Trente, et qui leur parut un ample dédommagement de tous les travaux du Concile, fut l'institution des séminaires seuls capables en effet de réparer par les fondements l'ordre hiérarchique et par une suite nécessaire, tous les ordres des fidèles. Ce fut dans ces écoles angéliques où tout prêche aux yeux même la piété, la pureté, la décence ecclésiastique, qu'on apprit à jamais, sous la couronne et l'habit clérical, qu'on avait pris le Seigneur pour unique héritage et qu'on ne pouvait retourner sans ridicule et sans crime aux parures et aux manières mondaines.

Théophile.

C'est pour l'administration de ces établisse-ments comme des autres institutions charitables, destinées aux deux sexes qu'on vit sans doute s'élever de toute part une multitude presqu'é-gale de compagnies, de congrégations, d'as-sociations religieuses ; les pères de la mission en France, les oratoriens en France et en Italie, les Jésuites par toute l'Europe, dans les quatre parties du monde, les Théatins, les Barnabites, les Sommasques, les pères de la doc-trine chrétienne, les clercs réguliers du bon Jésus, de la mère de Dieu, de la bonne mort, les frères des écoles pieuses, les frères de la charité ; et pour l'autre sexe, les Ursulines, la congrégation de Notre-Dame, les Sœurs Grises, et tant d'autres hospitalières, car l'é-numération en serait interminable.

De Valmont.

Voilà, Messieurs, la brèche de l'église ou de sa discipline réparée. Mais comment le Ciel remplira-t-il les vuides immenses que laissèrent au sein de l'église les désertions ou

les pertes localesqu'elle eut à souffrir ? N'cu-
bliez pas que , depuis son origine, jamais l'hérésie, sans excepter même l'énorme arianisme,
ne débaucha à l'église tant de sujets , ne lui
ravit tant deprovinces.

Emile.

Depuis son origine aussi, jamais le Ciel ne
lui fraya la route à tant de conquêtes et à
tant de triomphes. Dieu, pour ainsi dire ,
ébranla le Ciel et la terre pour en rapprocher
les contrées les plus étrangères l'une à l'autre.
L'esprit de l'homme éprouve soudain une activité nouvelle; son courage prend une nouvelle
énergie ; il s'élance à travers des mers sans
termes et sans nom. Bravant tous les orages et
tous les éceuils , il pénètre aux deux Indes ,
et ces nouvelles régions deviennent aussi fa-
milières aux Européens que leur terre natale;
l'esprit de conquête et de cupidité peuple
d'abord ces plages lointaines , mais bientôt des
conquérans d'un nouvel ordre franchissent à
leur tonr l'immensité de l'océan , pénètrent
dans les terres brûlantes du Brésil , dans les
forêts glacées du Canada, au sein de l'Afrique
réputée inhabitable , et bien au-délà dans les
continens, les presqu'îles, les îles innombra-
bles comprises sous le nom d'Inde , jusqu'aux

rives presque fabuleuses où l'aurore prend sa naissance ; et la rapidité de leurs conquêtes égale celle de leur course.

Julien.

Tandis que les saints disciples d'Ignace étendaient ainsi l'empire de l'église en Orient, Louis Bertrand, sous la livrée de Dominique, baptisait en un seul jour, dans l'immense continent de l'Amérique-Méridionale, jusqu'à 1500 idolâtres. La Grêce, la Syrie, l'Arménie, l'Egypte eurent leurs missionnaires. Ce que l'église n'avait pas tenté dans les temps les plus calmes, elle l'entreprit avec succès au milieu des plus violents orages, voyez, Messieurs, si l'esprit de zèle et de rétablissement n'a point été communiqué à l'église avec une abondance égale à ses pertes et à ses revers.

DIX-SEPTIÈME SIÈCLE.

Julien.

Vous épuiserez sans doute MM. toutes les ressources de l'Analyse, pour présenter avec la clarté nécessaire tout ce que l'histoire a transmis de ce siècle à la postérité. Querelles religieuses, révolutions politiques, règnes mémorables, hommes illustres dans tous les genres de célébrité, telle est la vaste matière de vos nouvelles dissertations. Voyons comment vous écarterez la confusion que je redoute, et avec quel art vous démêlerez les intrigues sans nombre que j'entrevois dans les affaires des différentes cours de l'Europe.

Emile.

Nous avons annoncé M. un Essai Analytique sur l'Histoire. Un essai n'est pas une œuvre parfaite. Nous ferons de louables efforts pour répondre à l'attente de nos auditeurs, sans nous flatter cependant d'atteindre le but que nous désirons.

De Valmont.

Je vais MM. vous mettre sur la voie, en rapportant les derniers momens de la reine Elisabeth d'Angleterre, femme dont notre Henri reconnut les talens et dont l'histoire a relevé quelques défauts. Les ambassadeurs étrangers frappés de sa vanité, la comparaient au paon dont les plumes deviennent plus belles en vieillissant. L'ingratitude du comte d'Essex à qui elle avait voué son amitié et qui s'unit aux mécontens en Irlande, précipita sa mort. Forcée de sévir contre le perfide, elle fut quelque temps irrésolue, flottant entre la colère et l'amour pour cet ingrat. Mais enfin elle prononça la sentence, et ne fit que languir ensuite d'ennui et de douleur. L'archevêque de Cantorbery qui l'assistait à ses derniers momens, lui rappelait ses vertus, elle le repoussa. Mylord, dit-elle, la couronne que j'ai portée si long-temps me donne assez de vanité, ne l'augmentez pas à cette heure. Elisabeth légua sa couronne à Jacques, roi d'Ecosse, petit fils de Marguerite sœur d'Henri VIII, et fils de cette infortunée Marie, que la reine avait fait décapiter.

Julien.

Jacques, par la protection qu'il accorda aux catholiques, occasionna de vifs mécontentemens et produisit cette fameuse conjuration des poudres, dont l'objet fut d'envelopper dans une ruine commune, le roi et le parlement. Trente-six barils de poudre disposés sous la voûte de la salle où se tenait l'assemblée, devaient produire l'explosion fatale. Un des conjurés voulut sauver la vie à un Lord de ses amis. Sa lettre parvint au roi qui devina l'objet de la conspiration et écarta à temps le péril.

Amédée.

Ce prince fut trop libéral. Le comte de Salysbury lui donna à ce sujet une leçon bien ingénieuse. Jacques mourut lorsqu'on préparait le mariage de son fils avec Henriette, sœur de Louis XIII.

Théophile.

Deux partis qui dominent encore aujourd'hui en Angleterre, l'un dans la chambre des pairs, l'autre dans celle des communes, les Torys attachés à la cause royale, et les Vigs, partisans du peuple, se forment sous ce règne;

vous pourrez voir les maux que les deux factions produisirent en Angleterre.

Ambroise.

Avant de parler de Charles I.er, c'est-à-
dire du prince accompli, qui va régner sur
la Grande-Bretagne et l'étonner par ses malheurs, parcourons le règne de Louis XIII ou
plutôt celui du cardinal de Richelieu qui fut,
sous ce faible monarque, le mobile de toutes
les affaires. La reine avait donné sa confiance
au maréchal d'Ancre, et dissipé toutes les
épargnes de son époux. Louis XIII parvenu à
la majorité ordonne la mort du maréchal, re-
lègue sa mère à Blois, et se réconcilie quelque temps après avec elle par la médiation
de Richelieu, alors simple évêque de Luçon.

Amédée

MM., il est facile d'abréger de beaucoup
vos dissertations. Peignez-nous Richelieu sous
les traits qui lui conviennent, donnez-lui l'at-
titude qu'il eut effectivement et vous aurez
suffisamment traité cette époque.

Emile.

Je saisis la pensée de M. Amédée. Après

avoir lu l'histoire de France jusqu'au milieu du seizième siècle , si vous étudiez l'histoire de la ligue et du règne de Henri IV, vous saurez ce que Richelieu eut à faire ; pour bien estimer ce qu'il fit et pour en connaître l'utilité , vous examinerez le règne entier de Louis XIV.

Ambroise.

Richelieu, en arrivant à la cour, se proposa trois points principaux, et ne les perdit jamais de vue. Les princes et les grands , les simples gouverneurs de place tenaient la France dans une continuelle méfiance. Richelieu se proposa de ruiner le reste d'indépendance des grands. Les protestans troublaient sans cesse l'intérieur du royaume , et lui suscitaient des ennemis au dehors ; il fallut éteindre leurs révoltes. La maison d'Autriche cherchait à étendre sans relâche sa domination , Richelieu s'efforça de diminuer sa puissance , au moins d'en empêcher l'augmentation. Voilà le triple ouvrage qu'entreprit Richelieu sans le secours des trésors du grand Henri ; et voilà ce qui l'a fait regarder comme un des ministres les plus étonnants par ceux qui, en suivant toute sa vie ministérielle, n'ont jamais vu en lui que l'homme d'état, et ne l'ont point jugé isolément d'après telle ou telle action particulière.

De Valmont.

Ce fut en 1627, que fut renversé le dernier boulevard du Calvinisme. Les huguenots soutenus par le prince de Soubise et le duc de Rohan, s'étaient flattés de faire de la France une république. Le duc de Luynes venait de marcher contr'eux et avait échoué devant Montauban. Mais enfin Richelieu assiége la Rochelle ; et ces remparts redoutables qui, depuis Louis II, opposaient une résistance si opiniâtre, tombent enfin et entraînent la ruine de l'hérésie.

Julien.

Le duc d'Orléans Gaston, frère du roi, choqué de la toutepuissance et de la tyrannie de Richelieu, leva l'étendart de la révolte. Le brave duc de Montmorenry, ayant suivi ce parti fut pris les armes à la main. Ni ses anciens services, ni le vœu général des citoyens, ni son repentir sincère ne purent fléchir le cœur du ministre. Le duc fut décapité. Gaston forme avec le duc de Lorraine une alliance ; il négociait avec l'Espagne, mais au milieu de ces négociations, les deux frères se rapprochent et se réconcilient.

Emile.

Les espagnols appelés en France s'avançaient et commençaient les hostilités. Ils opérèrent leur jonction avec l'empereur, et la France obligée de combattre contre ces deux ennemis, éprouva le fléau de la guerre de 30 ans. De grandes victoires et de triste défaites abattirent et relevèrent tour à tour son courage. On vit un jeune héros, Gustave Adolphe roi de Suède, épouser dans le cours des guerres, les querelles de la France et périr couvert de lauriers à la bataille de Lützen où les suédois remporterent cependant une victoire complette.

De Valmont.

Cependant tout pliait en France sous l'autorité du cardinal de Richelieu. Un favori du roi, le jeune Cinq-Mars devenu grand écuyer du roi, s'étant lié aux ennemis de la France, subissait à Lyon le sort des rebelles. Le président de Thou, pour avoir tu le complot qu'il désavouait, éprouva le même supplice. Richelieu n'observa point cependant les formes ordinaires de la justice et ce juste reproche a flétri pour jamais sa mémoire. Ce fut après ces exécutions sanglantes que le roi et son ministre malades en même temps, descendirent l'un et l'autre dans le tombeau.

Leur mort arriva en 1642.

Ambroise.

Richelieu gouverna Louis en le persuadant, Louis eut pour son ministre une confiance aveugle. Ce prince, disent les historiens, maître d'un beau royaume, naquit dans le moment qui lui était propre. Plutôt, c'est-à-dire au milieu des fureurs de la ligue, il eut été trop faible, et plus tard, il eut été trop circonspect. Fils et père de nos deux plus grands rois, il affermit le trône d'Henri IV et prépara le règne de Louis XIV, dont tout l'éclat et toutes les merveilles furent dues à l'habile administration de Richeliue. Louis XIV, dit un grand écrivain, (*) n'eut pas été personnellement moins grand, si Richelieu n'avait point existé; mais sans Richelieu il n'eut point fait de si grandes choses. Sous Louis XIII tous les talents commencèrent à prendre l'essor; le Luxembourg, le Palais-Royal, le Val-de-Grâce, la Sorbonne, sont des morceaux d'Architecture qui appartiennent à ce règne. Le

----

(*) M. Ferrand, *Esprit de l'histoire.*

pont neuf et la galerie du Louvre appartiennent à celui d'Henri IV.

Emile.

Il est essentiel à l'histoire de l'église de remonter au commencement de ce siècle et de vous faire connaître une querelle fameuse, qui fut suivie de tant de débats et de scandales. Je veux parler de Jansenius évêque d'Ypres, et du fameux abbé de Saint-Cyran son digne émule que l'on regarde même comme le misérable père du Jansénisme.

Théophile.

Avant que ces deux sectaires eussent affligé l'Eglise par leurs intrigues et leurs écrits, Molina, jésuite connu par son traité de la Concorde de la Grâce et du libre Arbitre, avait renouvellé la doctrine de Pélage; les dominicains se levèrent contre le novateur, et les jésuites crurent devoir embrasser le parti de leur confrère; l'affaire fut portée au tribunal de Clément VIII qui mourut sans rien condamner. Paul V défendit aux deux partis de se censurer mutuellement; il tint plusieurs congrégations. On rédigea la censure de Molina. Mais la décision ne fut point publiée pour des raisons politiques. Les Jésuites eurent, depuis ce temps, la plus grande part aux affaires ecclésiastiques. Il se trouva dans cette compagnie des hommes qui condamnèrent la doctrine de leur confrère.

Emile.

Le cardinal Baronius surtout la combattit avec avantage, et la jugea capable de mettre toute l'Eglise en péril. Le cardinal Bellarmin, qui de jésuite avait été agrégé au sacré collége, improuva la condamnation du livre de Mollina. Tant il est vrai que l'esprit de parti aveugle quelquefois les hommes même les plus habiles!

De Valmont.

Les nouvelles disputes qui s'élèvent sur la grâce auront des résultats bien plus graves. Nous ne pouvons suivre en détail les progrès de la secte de Jansénius; mais nous allons en signaler les auteurs et les plus zélés partisans.

Jansénius, originaire de la Hollande, après avoir commencé ses humanités à Utrech, alla faire sa rhétorique au collége des Jésuites; à Louvain, la société refusa de l'admettre dans son corps; ce refus lui parut un affront. Il quitta le collége, et fit sa théologie sous Jacques Baïüs et sous Jacques Janson, si connus tous deux par leurs opinions sur la grâce. Les deux théologiens reconnurent dans Jansénius des talens conformes a leurs vues. Ils lui communiquèrent leurs sentimens et leurs opinions, et Jansénius se vit destiné à perpétuer leurs erreurs. Un autre disciple de Janson, Jean du Verger de Hauranne, fut aussi compagnon d'étude de Jansénius, et se lia avec lui d'une étroite amitié. Tels furent les deux hommes qui se passionnèrent pour les nouveautés de Baïus, qu'on leur vantait comme la vraie doctrine de Saint-Augustin, et qui renouvelèrent dans peu tous les maux de l'Eglise. Ce du Verger de Hauranne est plus connu sous le nom d'abbé de Saint-Cyran. On le traita moins en sectaire qu'en cerveau blessé; on prétend qu'il avait néanmoins communiqué à Jansénius tout le système du parti. Il est toujours constant qu'il fut en France le patron et l'appui du Jansénisme qui, sans lui, eût croupi dans les marais où il était né.

Ambroise.

Il avait, au degré suprême, le génie de l'intrigue et de la séduction.

Il fascina plusieurs esprits; Antoine Arnaud

se laissa prendre lui-même ; qu'elle preuve plus convaincante de l'adresse du sectaire ! Richelieu, instruit de ses manèges, le confina dans une prison où il gémit jusqu'à la mort du ministre.

Théophile.

Le principal ouvrage de l'abbé de Saint-Cyran est son *Petrus Aurelius*, qu'on réduirait au plus petit livre, si l'on en ôtait les sottises qu'il dit aux Jésuites. Sa question royale est une apologie formelle du suicide et de l'homicide en bien des cas. Sa théologie familière et plusieurs de ses lettres, qui sont en très grand nombre, portent également la marque d'une suffisance inepte et ridicule, sans compter le fond corrompu des choses.

De Valmont.

M. Emile nous fera connaître les principales productions de Jansénius.

Emile.

C'est l'*Augustinus*, livre fameux où furent reproduites les erreurs condamnées par Pie V, Grégoire XIII, Urbain VIII, et qui prouve que l'auteur et ses adhérans étaient semi-calvinistes. Ce gros livre dont le titre est si court, mais si fastueux, et qui explique, s'il faut en croire son auteur, la vraie doctrine de Saint-Augustin sur la grâce, se réduit au fonds à cinq propositions erronnées, qui toutes ont subi leur condamnation. C'est en faveur de ce livre que le célèbre Arnaud (Antoine) fit paraître son apologie. On sait de quel avantage fut pour la secte le suffrage de ce jeune docteur, génie vaste et profond, habile écrivain, travailleur infatigable et de la plus profonde érudition.

Amédée.

Il faut avouer, messieurs, que l'esprit d'erreur est habile à cacher ses inventions. Eût-on imaginé qu'un monastère de filles pût devenir l'atelier principal et le plus ferme boulevard d'une secte ? Cependant la célèbre mère Agnès (Arnaud), qui gouvernait l'abbaye de Port-Royal, et la mère Angélique sa sœur, embrassèrent l'évangile de Jansénius et de l'abbé de Saint-Cyran, et s'attachèrent à grossir les prosélytes. L'opiniâtreté des filles de Port-Royal fut telle dans la suite qu'elles refusèrent de signer le formulaire de l'Eglise de France, n'écoutant que la voix de leurs docteurs, et se croyant aussi habiles qu'eux.

Julien.

Il est temps, Messieurs, de parler de Louis XIV. Les agitations politiques qui se font sentir sur tous les points de l'Europe, au temps de ce règne mémorable, nous rendront plus attentifs à la conduite de ce monarque, capable d'étonner les souverains qui l'entourent, de les surpasser même tous, par la hardiesse de ses entreprises, la profondeur de ses conceptions, la fermeté de son caractère et la hauteur du rang où il s'est placé, et dont rien ne pourra le faire descendre. Nous verrons les hommes les plus célèbres dans la politique et dans la guerre, contribuer à la gloire de ce règne. À leur tête est Mazarin, héritier des grandes vues de Richelieu, désigné par lui à la reine mère et digne en effet de ce choix honorable.

Ambroise.

Avec quelle habileté ce ministre a-t-il lutté contre des ennemis puissans durant les troubles d'une minorité orageuse ! On le vit céder à propos, quand il vit que la résistance était dangereuse ; pacifier insensiblement, réunir tous les esprits et couronner enfin son ministère dans l'île des Faisans, par le traité des Pyrénées.

De Valmont.

Louis est encore sous la tutelle d'Anne d'Autriche, et nous voyons déjà dans le brave Condé le héros de Rocroi, de Fribourg, de Nord-Lingue et de Lens, enlevés tour à tour aux Espagnols et à leurs alliés. — Turenne entre après lui dans le chemin de la gloire et déploye tous les talents d'un grand capitaine. Le traité de Munster en Westphalie suspend les hostilités et met le sceau à la réprobation des peuples de la Germanie, dont les princes s'engagent à ne rien changer dans l'exercice de la religion, lors même qu'ils changeroient eux-mêmes de croyance.

Ambroise.

C'est en 1648, que furent terminées ces grandes négociations où l'habileté des Davaux et des Serviens rendaient le ministère de France respectable aux yeux de l'Europe. Ce traité, dont le plan variait depuis si long-temps au gré des négociateurs, termine le grand œuvre de la paix générale, pose des bornes à la puissance impériale, forme les droits du corps germanique et sert de base à tous les traités postérieurs.

Théophile.

La France est tranquille au dehors et se trouve en proie aux dissentions intestines. C'est au moment même de la paix de Westphalie que commencèrent les troubles de la Fronde. La haine de Mazarin fut la cause de cette guerre, plus ridicule que sanglante, et donna lieu au Cardinal de déployer toute son habileté. Sa politique toujours accomodée aux événemens, jette le plus grand intérêt sur l'histoire de son ministère. Vous remarquerez au milieu de ces commotions, le trop fameux cardinal de Retz, instigateur de tous les troubles, pour qui l'intrigue fut si long-temps un amusement nécessaire, et qui fut, dit-on, factieux, uniquement pour n'être point tranquille. Il est surtout, essentiel, Messieurs, de bien connaître les principaux personnages qui figurèrent pendant ces troubles. Ainsi vous remarquerez à la tête des factions opposées à Mazarin, le duc d'Orléans, prince sans caractère, qui, jeté au milieu des troubles, n'y pouvait jouer aucun rôle, ni pour lui-même, ni pour le bien de l'Etat; Le prince de Condé qui, toujours excité contre le Cardinal par la duchesse de Longueville, voulait avoir la première place dans le gouvernement comme à la tête des armées ; le duc de Beaufort qui, malgré tous ses moyens brillans et ses manières populaires, n'avait point dans sa marche et dans ses idées la suite nécessaire à un chef de parti. Parmi les agens de la discorde, vous retrouverez encore Turenne, que la duchesse de Longueville changea momentanément en rebelle, et qu'elle fut ravie de voir dans son parti. Vous vous étonnerez enfin de voir le premier corps de la magistrature céder au torrent et se laisser entraîner au-delà des bornes du devoir. Le nom seul de Mazarin électrisa toutes les têtes et suffit pour rendre le parlement factieux. Vous verrez cette assemblée contenue sous Louis XIV et cette dépendance doit être imputée aux extrémités, tantôt ridicules, tantôt criminelles auxquelles elle se porta pendant la fronde.

Amédée.

L'Espagne profita de ces troubles. le grand Condé qui venait de recouvrer sa liberté n'écoute que sa haine et son ressentiment, et suit les projets ambitieux de l'ennemi. Il porte dans les camps espagnols ce bras qui les fit trembler tant de fois ; mais le vertueux Turenne, qui partageoit une erreur trop générale , se montre plus grand par son repentir et rentre pour jamais dans le sentier de l'honneur. Il ramenait son armée triomphante dans Paris, quand, après la bataille du faubourg Saint-Antoine , la fille du duc d'Orléans (Mademoiselle) fit tirer le canon de la Bastille sur l'armée victorieuse ; l'exil de Mazarin fut nécessaire , le roi l'éloigna ; Paris ouvrit ses portes, et le calme reparut partout.

Emile.

Un parricide venait de précipiter du trône son roi légitime. Cromwel , teint du sang de Charles I, prenoit fastueusement le titre de protecteur de la république en Angleterre, et la France au mépris de la Majesté royale briguait ainsi que l'Espagne , l'alliance du meurtrier. Mazarin , qui avait reparu à la cour , réussit dans sa négociation à force de souplesse , et conclut le traité en 1655. Turenne battit ensuite les Espagnols et Condé , près des Dunes et fit sentir à l'Espagne la nécessité de la paix. Les conférences s'ouvrirent dans l'île des Faisans , et c'est là que se conclut le traité des Pyrénées qui consomma le grand ouvrage de la paix de Westphalie , à laquelle l'Espagne seule n'avait pris aucune part.

Marie-Thérèse, fille de Philippe IV, fut accordée à Louis XIV avec une dot de 500,000 écus d'or.

De Valmont.

Mazarin meurt après avoir ainsi couronné son ministère. On demande de tout côté à qui il faudra s'adresser, car l'état paraissait n'avoir plus de maître. À moi, répond Louis XIV et cette déclaration ne fut point un vain mot. Tout prend une face nouvelle ; les ministères sont réglés, une chambre est établie pour mettre l'ordre dans les finances ; Fouquet, qui aux dépens du trésor public prodiguait les millions aux embellissemens de ses domaines et semblait insulter au faste même des rois, Fouquet est disgrâcié, et remet son administration entre les mains de Colbert, dont Mazarin a connu les talens et qu'il recommande en mourant à Louis XIV.

Ambroise.

Colbert devient l'âme de la France. Ce grand homme répare tout ; il crée de nouveau le commerce et les arts, fonde à Madagascar et à Cayenne de nouvelles colonies. L'industrie française fait des merveilles, dès qu'elle se voit encouragée. Toutes les nations pour qui la France est un objet d'admiration deviennent ses tributaires. L'ordre reparaît dans la police et la justice. On voit se former une foule d'établissemens utiles. Des récompenses accordées aux savans même étrangers, font déjà célébrer Louis dans toute l'Europe. Les muses et les arts ornent bientôt la cour de ce grand roi ; tout concourt à exciter le génie. Alors fut commencé l'immortel ouvrage qui devint pour les contrées méridionales une source de prospérité. Riquet creusa le superbe canal du Languedoc, triompha de la nature même, et réunit les deux mers.

Théophile.

Messieurs, il me semble que vous cédez à un attrait national et que vous vous engagez trop dans l'histoire de notre pays. Je suis d'avis que nous retournions sur nos pas et que nous prenions une légère connaissance de la situation respective des différentes cours de l'Europe, avant de nous conduire sur le théâtre de notre gloire militaire. Je me rappellerai de l'époque où je me permets d'arrêter votre dissertation. C'est à la mort de Philippe IV, roi d'Espagne, que vous sus-

pendez votre examen historique. Cet événement est remarquable par l'influence qu'il
exercera sur la politique française. Louis XIV
dirigera ses forces sur les Pays-Bas pour y faire
valoir un droit de succession, et suscitera des
guerres sanglantes qui nous feront connaître
de nouveaux talens et de nouveaux héros.
M. Emile qui a particulièrement étudié les
révolutions qui appartiennent à cette époque,
va nous faire connaître celle qui survint en
Portugal vers le milieu de ce siècle.

Emile

De toutes les révolutions opérées dans ce
siècle, celle de Portugal offre le caractère le
plus singulier. Elle ne ressemble, en effet, à
aucune autre. Vous voyez un ancien royaume
reprendre sans effort son premier état; une
couronne replacée sur la tête du souverain
légitime (le duc de Bragance); une nation
entière se réunir à son souverain pour rentrer
avec lui dans ses anciens droits. Vous voyez
enfin une révolution juste se faire avec un
accord si parfait du monarque et de ses sujets,
qu'elle s'opère comme par acclamation. Ce
nom lui est en effet resté et il honore infiniment la nation et le souverain.

(81)

Amédée.

Je ne suis pas étonné de ce changement mér-
veilleux et subit ; l'état d'oppression où les
Espagnols tenaient les Portugais , devaient
faire naître le désir de secouer le joug et de
rappeler ses anciens maîtres. L'Espagne traitait
depuis long-temps cette nation en pays conquis. Infidèle à ses traités, elle affectait en toute
rencontre un mépris insultant. Est-il étonnant
que la nation entière ait conspiré à la fois, avec
le concert le plus admirable, pour sa liberté et
son prince légitime ?

De Valmont.

En Danemarck nous voyons une nation
sage reconnaître les vices de sa constitution.
Les braves Danois effrayés des périls qu'entraînait une couronne éligible , se réunissent
tout à coup , et par un mouvement uniforme ,
assurent à la famille royale l'hérédité du trône
et le pouvoir nécessaire pour le salut et le bien
public.

En Hongrie , on veut aussi proclamer cette
précieuse hérédité ; mais on le fait à la vue des
échafauds et dans une assemblée qui donne
lieu à de grandes réclamations et fait encore
répandre bien du sang.

Julien

En Suède , un jeune monarque assis sur le trône des Gustave et des Christine , se laisse entraîner par une imagination déréglée , et au lieu de jouer un grand rôle , Charles XII ne joue que celui d'un aventurier fameux. Il jète le nord dans une terrible confusion , et la nécessité de lui-résister développe les talens de Pierre Ier. qui , sans Charles XII , n'eût jamais été Pierre-le-Grand. Le jeune Charles , après plusieurs victoires éclatantes , fut défait à Pultava par ces mêmes Russes que le Czar entreprenait de civiliser. Pierre introduisit parmi eux les connaissances , les arts , les mœurs de l'Europe policée , et recréa , pour ainsi dire , un nouvel empire qui , depuis Charles XII est devenu de jour en jour plus redoutable.

Théophile.

Au milieu de ces agitations vous serez frappé de l'indifférence de la Pologne ; elle voit, sans inquiétude , se former un royaume de Prusse dans des provinces dont elle recevait l'hommage. Elle voit sortir de son obscurité la puissance moscowite , et ces nouveaux maîtres de la Baltique vont entraver son commerce. Ces deux voisins vont se servir de sa constitution pour s'agrandir à ses dépens et la double élection de Stanislas et d'Auguste, jètera le premier germe des guerres qui vont anéantir cette puissance.

Emile.

Dans l'Inde, voyez l'accroissement rapide que prend le commerce. Trois compagnies s'établissent à Paris, à Londres, à Amsterdam et forment en Asie de nouveaux états qui répandent en Europe de nouvelles semences de discorde.

La Hollande, après avoir au bout de vingt-ans, fait reconnaître son indépendance, est victime de son orgueil et de son inconstance. Cette fière république, confondant perpétuellement l'anarchie avec la liberté, chasse et rétablit alternativement une autorité qui pouvait assurer son existence, et une éternelle méfiance ruine cette république commerçante.

Amédée.

Si mes talens m'en donnaient le pouvoir, je peindrais sous les traits les plus aimables le prince accompli qui règne sur l'Angleterre, et dont une assemblée factieuse a décrété la mort. Charles I.er, ami de la littérature et des beaux arts, doué lui-même d'un génie créateur, joignant à ces nobles qualités l'extérieur le plus séduisant, la physionomie la plus douce, semblait devoir attendre de ses vertus un règne long et heureux. Mais l'esprit de liberté prévalait déjà chez ses sujets ; et selon la pensée de Bossuet, la multitude des sectes introduites dans la Grande-Bretagne, préparait la dissolution de la monarchie. Le monarque retenait cependant le pouvoir avec dignité ; mais sa politique n'avait point la vigueur nécessaire.

De Valmont.

La religion romaine, pour laquelle il montrait une inclination marquée, lui suscita une haine irréconciliable. Le parlement formé de mécontens et de mal intentionnés, contrariait ses vues administratives, et l'entraînait à sa perte. On l'obligea de consentir à l'exécution de son ministre, le comte de Strafford, et il signa la sentence en pleurant. Un massacre horrible effectué en Irlande ruina définitivement la cause du roi. Les catholiques, toujours en garde contre les Anglais protestans, transplantés parmi eux, voyaient avec indignation les atteintes portées journellement aux objets de leur culte. Craignant que ces entreprises audacieuses n'aboutissent enfin à une guerre ouverte , ils s'assemblent dans la province de Leister et se déterminent à attaquer leurs ennemis. Il y eut quarante mille victimes dans ce massacre.

Théophile.

On accusa le roi de l'avoir causé , et ces bruits calomnieux indisposèrent le peuple à tel point que le roi fut forcé de se retirer au nord de l'Angleterre. Les forces ne lui manquaient pas , mais le besoin où il se trouvait du côté des finances , l'obligèrent de recourir au dévouement généreux de l'université d'Oxfort que la munificence des rois avait enrichie. Elle fit don de tous ses trésors !

Julien.

La reine , digne fille d'Henri IV , vient de la Hollande pour secourir son époux. L'armée royale et le parti parlementaire se rencontrent et se livrent plusieurs combats. Celui de Kénigton faillit à être funeste à la liberté du roi.

Amédée.

Cromwel fut blessé dangereusement à la journée d'York. Comme il se retirait pour soigner sa blessure , il apprend que l'armée est en déroute ; oubliant alors sa situation , il revient sur ses pas , rencontre le Comte de Manchester qui fuyait et le prend par le bras. « Vous vous trompez , milord , lui dit-il , les ennemis ne sont pas du côté où vous allez , il faut venir de ce côté pour les trouver. »

De Valmont.

La cause du roi est perdue sans ressource. Après plusieurs revers , il se remet aux Ecossais et les traitres le livrent pour 100,000 écus d'or. Le parlement venait de le déclarer déchu du trône et avait proclamé l'abolition de la royauté. Charles jouait aux échecs , quand il apprit l'indigne marché des Ecossais. Il ne parut point ému de cette nouvelle. Il reçut avec affabilité les commissaires du parlement, adressa même des paroles gracieuses au Comte de Pembrok. Les commissaires le conduisaient à Hombly, quand il survint une rupture entre l'armée et le parlement. Un détachement commandé par un simple cornette arrive dans cette ville. Le chef de la troupe sommant le Roi de le suivre, on lui demande par quel ordre. Il se tait, et se contente de montrer à plusieurs reprises les braves et redoutables cavaliers qui formaient son escorte. « Votre

« ordre, dit le Roi en souriant, est écrit en beaux
« caractères; ils se font lire sans épeller ».

Emile.

L'infortuné Charles fut conduit à l'armée
qui le traita indignement. Il se sauva dans l'île
de Vight, mais bientôt il fut enlevé et recon-
duit à Windsort, et de-là au Palais de Saint-
James. Dès-lors on n'eut plus d'égard pour sa
dignité. Cependant Cromwel érigeait une
haute cour de justice et en présidait les séances.
Ces assemblées ne furent jamais composées
que de soixante-quatre personnes, quoiqu'on
eût convoqué cent trente-trois membres ; tant
on eut de peine à faire entrer des gens de
nom et d'un certain caractère dans cette assemblée criminelle ! L'arrêt fut prononcé et le
monarque, après trois jours de délai, fut exécuté
à la vue du peuple. La douleur conduisit au
tombeau la princesse Elisabeth. Le parricide
Cromwel exila au-delà des mers le jeune duc
de Glocester.

Ambroise.

Le prince de Gallès fuit en Ecosse et n'y
trouve que des traitres. Assez heureux pour
échapper à Cromwel, il cherche le salut dans
la fuite. Vous lirez, Messieurs, avec un plaisir

bien vif le récit des aventures de cet illustre proscrit, poursuivi par les émissaires de l'usurpateur, cherchant de tout côté quelque hôte généreux ; couché, tantôt sous l'humble cabane d'un bucheron, tantôt confiant ses jours aux rameaux hospitaliers d'un chêne. Vous le suivrez avec inquiétude dans tous ses mouvemens ; vous bénirez les cœurs généreux qui favorisent sa retraite, en lui suggérant les rôles successifs de divers personnages et en partageant le péril de tant d'entreprises hardies. Enfin, vous le verrez quitter cette terre ennemie et souillée du plus noir forfait, et gagner les ports de notre France.

Julien.

Le parlement venait d'offrir à Cromwel le titre de protecteur de la république, et l'imprudent le reçut avec transport, ainsi que les honneurs qu'on rend aux souverains.

De Valmont.

Que ce haut degré de puissance ne vous en impose pas. Cromwel éprouva dans tout le cours de sa vie publique combien est misérable la condition des tyrans. Le calme et la sérénité furent bannies pour jamais de son palais.

La crainte de rencontrer à chaque pas un ami perfide, un assassin, le tint dans une continuelle méfiance. Richard son fils lui succéda, et l'Angleterre vit en lui un nouveau, mais faible protecteur il ne succéda pas au génie de son père ; ne pouvant contenir tous les partis, il se retira dans les provinces méridionales de la France et y mourut ?

Amédée.

Quel est la secte ridicule qui prit naissance au temps de Cromwel.

Emile.

C'est la secte extravagante des quakers dont le chef fut un jeune tisserand nommé Georges Fox, qui, pour vaquer à ses méditations, se retirait dans les bois, et passait la nuit dans un tronc d'arbre avec sa bible. Il communiqua ses étranges idées de réforme, et il se fit de zélés partisans. Les Prosélytes, vétus avec une singularité extrême, ne donnaient à personne aucun signe de respect, de peur d'alimenter l'orgueil ou de flatter la vanité. L'enthousiasme alla si loin, qu'il produisit dans les sectaires des convulsions qui leur firent donner le nom de trembleurs, qu'ils conservent encore aujourd'hui.

Théophile

La destitution de Richard est suivie d'une révolution bien étonnante. Honneur à l'homme
immortel qui l'a preparée, s'écrie le docte écrivain dont nous empruntons les reflexions !
honneur au célèbre Monck, par qui le prince
que nous avons vu s'exiler de sa patrie va recouvrer sa couronne. (*) Cet habile général parti
de l'Ecosse avec un secret dont lui seul est le
gardien , vient observer l'opinion publique.
Il saura la diriger sûrement ; il profitera des
événemens qui se présenteront, fera naître
ceux qui peuvent lui être utiles, et méritera la
vénération de la postérité, non-seulement pour
avoir rendu à son pays un souverain légitime,
mais pour être parvenu à ce but si désirable ,
sans secousses sans violence , et par la seule
sagesse de sa conduite.

Julien.

Tout bon citoyen doit être pénétré d'admi
ration pour ce grand homme. Il pouvait pro-
fiter des événemens pour sa propre élévation.
Il succédait à l'anarchie et peut-être que les
partis se fussent rangés à l'envie autour de
son trône. Monck fut supérieur à l'ambition ;
il ne dévia jamais du sentier de l'honneur et de

(*) **M. Ferrand**, *esprit de l'histoire.*

la vertu, et dès qu'il crut le moment favorable, il appela le monarque proscrit et le fit proclamer unaniment. Charles II revint de la Hollande, et reçut les hommages les plus flatteurs. Le plus sensible, sans doute, fut celui de l'homme généreux à qui il devait le bienfait du retour. Il est plus aisé de sentir que d'exprimer ce que ces deux cœurs éprouvèrent au milieu de leurs embrassemens.

Ambroise.

Les communes se signalèrent envers le roi ; elles offrirent des présens magnifiques à tous les princes. Monck fut noblement recompensé.

Amédée.

Les juges qui avaient pris le plus de part à la révolte furent punis. Quelque temps après le retour de Charles, on vit se manifester à Londres le plus violent incendie ; la ville fut presqu'entièrement consumée. On la rebâtit et plus longue et plus saine, et c'est à cette reconstruction que l'on dut la délivrance de la peste qui y faisait souvent les plus tristes ravages. Charles termina sa vie après cet événement, après un règne de 25 ans et avec le secours du ministère catholique. Ce prince institua la société royale de Londres a l'imitation de Louis XIV. Ce corps illustre a rendu plusieurs services à la société.

Emile.

La mort de Charles II concourt à peu près avec celle de Philippe IV ; c'est le point fixe d'où nous devions reprendre l'histoire de notre pays. Retournons à la cour de Louis XIV et tâchons de nous initier à Versailles, dans les secrets de ce cabinet important.

De Valmont.

Phlippe IV meurt ; la reine, par le traité des Pyrénées avait renoncé à tous ses droits, à tous les états de son père. Cependant on voulait avoir part à cette vaste succession. On prétendit que le Brabant devait revenir à la reine, en vertu d'une loi des Pays-Bas et Louis XIV, après avoir annoncé ses prétentions, se disposa à les soutenir. Ses ennemis répendent partout l'alarme. le fameux Guillaume, prince d'Orange qui va jouer un si grand rôle et qui du milieu des canaux de la Hollande, préparait toujours à l'Europe quelque tempête, accuse Louis de prétendre à la monarchie universelle, projet inexécutable, et Louis XIV n'en conçut jamais de pareil.

Théophile.

Louis se porte en Flandres à la tête de 35 mille hommes , sous les ordres de Turenne. Grâce à la prévoyance du nouveau ministre Louvois, l'armée trouve partout des préparatifs immenses , des magasins sur les frontières , des provisions sur tous les chemins. Charleroi Furnes, Courtray , Lille surtout, et une foule de places sont emportées. On y établit des garnisons, et Vauban fortifie ces places d'après sa nouvelle méthode. Cet homme célèbre avait surpassé en ce genre tout ce que l'art du génie avait inventé. L'année suivante le roi fit la conquête de la Franche-Comté. Une fortune si éclatante réveillait toutes les puissances. — La Hollande s'unissait à l'Angleterre comme ennemie de la France ; la Suède accédait à l'union ; Louis renonça tout à coup à une rigueur déplacée , et conclut le traité d'Aix-la-Chapelle , sur lequel aucune puissance ne compta.

Ambroise.

En effet, toutes les cours se préparent à la guerre jusqu'en 1672. Une agitation extrême règne dans les cabinets ; ils se dirigent tantôt pour, tantôt contre leurs intérêts, selon les fausses terreurs qu'on leur inspire contre la France. Vous observerez ce tableau mouvant ; c'est un des plus intéressans pour la diplomatie. La France s'efforçait d'affaiblir la ligue des Hollandais, et parvenait à en détacher successivement presque toutes les puissances ; elle travaillait surtout à en détacher l'Angleterre. Louis se montre grand dans la guerre qui suit ses négociations, mais plus encore dans les négociations toutes conçues, toutes entamées par lui, ou dirigées par des lettres écrites de sa main.

Emile.

Louis XIV ne comptait guère sur ces traités, mais il s'en servait pour jeter de la mésintelligence parmi ses ennemis.

Julien.

Le calme favorable qui suivait ou précédait la guerre, n'était point inutile. C'est alors que l'homme d'état s'occupait avec le grand roi de tout ce qui pouvait ajouter à la gloire ou au bonheur de la nation. Alors se rédigaient, sous les yeux du sage monarque, ces réglemens admirables qui font encore fleurir le commerce et secondent si puissamment la marche de l'administration. La marine prenait un accroissement considérable, les ports se couvraient d'objets de défense, ou d'embellissement. Des églises superbes s'élevaient dans la capitale ; Louis XIV procurait de ses bienfaisantes mains une retraite aux guerriers que leur âge ou leurs blessures condamnaient à ne plus servir la patrie. Le monument des Invalides fut érigé , et des vieux soldats estropiés en entrant dans ces casernes majestueuses et dans ces temples de marbre , parurent être associés à la gloire de l'empire qu'ils avaient défendu.

De Valmont.

La guerre va troubler encore les douces occupations des arts. Après avoir détaché de la confédération plusieurs souverains , Louis se flattait de subjuguer la Hollande et d'humilier l'orgueil de cette république qui se trouvait sans défense. On n'avait aucune raison solide pour l'attaquer ; une médaille frappée en Hollande fut le prétexte frivole de cette expédition. Louis XIV , dans ses entreprises , trouvait toujours des ressources inépuisables dans le génie , l'activité , la prévoyance de Louvois.

Ambroise.

Il s'avance , en 1672 , avec toutes ses forces et ses plus célèbres capitaines , contre ces faibles républicains. Il passe le Rhin à la vue des ennemis , et les frappe de consternation. Les états-généraux assemblés , opinent à demander la paix. Mais l'inflexible , l'opiniâtre Louvois reçoit les députés avec une hauteur insultante, et leur prescrit des conditions intolérables. La terreur se change en désespoir , et le désespoir ranime le courage de la république. Guillaume prince d'Orange est créé stathouder ou chef de l'état. On perce les digues , on s'expose à être submergé pour écarter l'ennemi. Cette mesure déconcerte en effet le vainqueur à qui les eaux ferment la voie des conquêtes.

Emile.

Que ne s'arrêtait - il après le passage du Rhin ? n'avait-on pas asssz humilié la Hollande en l'obligeant à demander la paix , et l'objet de la guerre n'était-il point rempli ? Pompone et Turenne étaient d'avis qu'on acceptât les conditions offertes par les Hollandais, et cet avis était excellent. La Hollande frappée de cette modération , eut fait alliance avec la France par amour pour ses véritables intérêts. Le terrible Guillaume n'eût point acquis le stathouderat et n'eût point enlevé aux Stuarts la couronne d'Angleterre et soulevé toute l'Europe contre Louis XIV. L'Autriche n'eut point regardé pendant quarante ans la Hollande comme sa caisse militaire. Tous ces malheurs étaient prévenus par le traité d'alliance proposé par Turenne et Pompone. Mais Louvois leur ennemi personnel, Louvois, dont les vues particulières rendaient toujours les guerres plus longues, plus destructives et plus fréquentes, s'opposa à cette alliance avec cette inflexibilité qui irritait quelquefois Louis XIV. Ce ministre abusa de la fierté de son maître, et l'égara dans une guerre qui devenait sans objet.

De Valmont.

Tout change en effet. La France, en refusant la paix, devient l'objet d'une jalousie universelle. Les puissances effrayées se réunissent, on reprend la Franche-Comté. L'électeur palatin abandonne le parti de la France, et Turenne cédant aux ordres de Louvois, entre dans le Palatinat, le ravage et souille par un embrâsement effroyable les armes de Louis XIV.

Tome II. 9

Amédée.

Condé, avec quarante cinq mille hommes, bat à Senef le prince d'Orange ; et tandis qu'il brave tous les périls, Turenne, qu'on oppose près du Rhin à soixante mille impériaux, affronte la mort qui s'apprête à le frapper sur le champ de bataille. Ce grand homme, avec vingt mille hommes, sauve l'Alsace et la Lorraine, dissipe les ennemis et les oblige a repasser ce fleuve ; il le traverse à son tour l'année suivante, et rencontre sur l'autre rive le célèbre Montécucully qui ne recherchera plus la victoire quand il ne pourra la disputer à un rival aussi digne de lui.

Julien.

Turenne meurt, après avoir fait pendant deux mois des marches et des campemens admirables, prévoyant toujours les projets de l'ennemi, ne se laissant jamais surprendre et saisissant toujours le moindre avantage. Il meurt et emporte dans le tombeau de nos rois l'admiration de ses rivaux, l'estime de ses ennemis, les larmes de Louis XIV, et les regrets de la France. A peine a-t-il expiré qu'on se dispose à la retraite.

Emile.

Le comte de Lorges la soutint honorablement. Montécucully pénètre cependant en Alsace, et s'arrête en présence du prince de Condé qui l'oblige à repasser le Rhin. Louis passionné pour les guerres de siége prenait Bouchain, Valenciennes, Cambrai et autres places ; à Maëstricht. Le prince d'Orange quoique habile et valeureux, éprouvait la supériorité des armes françaises. Le duc d'Orléans, malgré ses mœurs efféminées, donnait à la bataille de Casal des preuves d'une bravoure sans exemple. Duquesne, né Marin, triomphait de Ruyter dans deux batailles navales, et se montrait la terreur des flottes hollandaises et espagnoles. Les mers purgées de corsaires, Alger réduit en cendres, Gênes punie de sa perfidie, l'Océan, la Méditerranée, l'Afrique, l'Asie, fourniront bientôt un témoignage éclatant à sa gloire.

Théophile.

On venait de négocier à Nimègues où Louis XIV envoya des propositions qui étonnèrent les puissances par la modération qu'elles signalaient. Il est assez curieux de remarquer que

les souverains, avant le traité de Nimègues,
cherchaient en vain le sujet de la guerre, d'où
il résulte qu'on se battait sans s'entendre ;
quelles méprises pour l'humanité ! Il faut connaître les véritables sentimens du prince d'O-
range pendant les négociations ; car cette par-
ticularité jète un grand jour sur l'histoire.
Guillaume ne devait son élévation qu'à la
guerre ; il était de son intérêt d'entretenir
soigneusement contre la France une jalousie
utile à son ambition et à son animosité per-
sonnelle.

Ambroise.

Tandis que M. Davaux, ambassadeur des
Français, déployait tous les talents d'un négociateur, le stathouder s'obstinait à vouloir
la guerre lors même que les états-généraux
sentaient la nécessité de cimenter avec le grand
roi l'alliance la plus prompte. Les membres
les plus sages pénétrèrent les vues du chef de
la république ; on y regarda de plus près, et
l'on se convainquit qu'il avait négligé la marine pour la rendre inférieure à celle de
l'Angleterre dont il allait faire bientôt son
royaume.

De Valmont.

Nous parlerons bientôt de la campagne de 1688, et nous dirons quelle en fut l'occasion ; mais avant nous traiterons quelques points particuliers. Ils nous feront apprécier la situation intérieure du royaume.

Amédée.

J'allais vous interroger sur ce fameux droit de Régale, qui mit toute la France dans un danger si imminent pour la foi et qui, joint à quelques autres circonstances, faillit à consommer la rupture entre le royaume très-chrétien et le centre de l'unité catholique.

De Valmont.

Par l'ancien droit de Régale, les rois de France administraient les revenus des évêchés vaquans et nommaient aux bénéfices qui en dépendaient. Un édit, en 1673, étendit ce droit sur le royaume. Innocent XI, pontife vertueux, mais trop attaché à son sens, intervint dans cette affaire et se montra plus ferme que ne le permettaient les circonstances.

Emile.

Alors fut convoquée cette assemblée extraordinaire du clergé de France ; Bossuet y prononça le discours d'ouverture et fit paraître la plus respectueuse déférence pour l'Eglise romaine.

Ambroise.

C'est là qu'on rédigea les quatre fameux articles qui se réduisent à ces deux chefs : On reconnaît 1.° l'indépendance temporelle des princes non feudataires du saint-siége; 2.° l'autorité spirituelle du souverain pontife. Innocent cassa les actes de l'assemblée, et Louis XIV eut bientôt l'occasion de montrer une nouvelle vigueur. Les franchises des ambassadeurs à Rome avaient une si grande étendue qu'elles mettaient, non-seulement leurs palais, mais leurs quartiers à l'abri des poursuites de la justice. Innocent voulut réformer cet abus. Tout se soumit, excepté la couronne de France. Le pape prononça l'excommunication contre les rebelles. Cependant 7 à 800 militaires, commandés par le marquis de Lavardin, pénétrèrent dans Rome et bravèrent le souverain pontife. Cette lutte scandaleuse pouvait emmener les extrémités les plus fâcheuses ; Louis XIV dissimula jusqu'aux dédains d'Innocent XI , et se montra plus grand par sa victoire sur lui-même que par ses triomphes au dehors.

Théophile.

Sous le pontificat d'Innocent XII , une réconciliation fut ménagée, mais le clergé ne cessa point, de défendre les quatre articles de nos libertés qui , du vivant même de Louis XIV ont été soutenues dans les livres , les thèses , et appuyées dans tous les tribunaux.

Ambroise.

Vers la fin de ce siècle , Benoît Spinosa osa produire dans son traité théologique et politique , le plus absurde et le plus impie des systèmes. N'imaginant qu'une substance dans le monde , mais diversement modifiée et infinie en tous sens , ce rêveur impie élevait toutes les créatures à la divinité et réduisait la divinité au néant. Tel est le terme fatal où viennent aboutir ces esprits superbes qui creusent les matières de religion avec une curiosité profane et toute la témérité de la présomption. Le fameux père Quesnel autre sectaire présomptueux s'abandonna tellement à sa passion pour la nouvelle doctrine qu'il devint entre tous les disciples d'Arnaud le plus digne de lui succéder en qualité de chef de parti.

Amédée.

Puisque vous descendez, Messieurs, à des particularités de ce genre, vous me permettrez de vous questionner sur l'aventure du célèbre Galilée qui vivait au commencement du dix-septième siècle.

Ambroise.

Des historiens, guidés par divers intérêts, ont parlé diversement de l'aventure de cet homme célèbre, et ont, à ce sujet, crié à l'ignorance et à la barbarie contre l'inquisition. Comme ils ont presque anéanti la mémoire de tout ce qui s'est passé dans le cours de cette affaire, je suis charmé de pouvoir l'exposer ici. Copernic avait soutenu le premier, mais d'une manière purement physique, que la terre tourne autour du soleil, et aucun tribunal ne s'était avisé de réprouver son système.

Galilée ne se contenta pas de l'adopter, il entreprit de l'établir sur les livres saints. Etant venu à Rome sous le pontificat de Paul V, il demanda par mille instances que le pape et le saint office déclarassent le système de Copernic fondé sur la bible. Le jugement intervint : la congrégation décida seulement que l'opinion du mouvement de la terre ne s'accordait point avec la bible, et l'on défendit de publier les ouvrages qui soutenaient cette conformité. Galilée ne tint aucun compte de cette défense. Rome fut innondée d'écrits où l'astronome Toscan s'efforçait dériger son système en dogme; il fut dénoncé, cité à Rome et forcé de s'y rendre. On l'y condamna pour cause de récidive et après avoir exigé de lui une réfutation, on usa de quelque rigueur apparente pour la forme et l'exemple ; mais au fond on le traita, d'après son aveu même, avec des égards qu'on n'avait point eus pour des personnes de la plus haute naissance. Voilà, messieurs, le vrai de l'histoire que les déclamateurs de notre siècle ont tant défiguré à l'égard de Galilée et de ses juges.

Amédée.

M. Emile qui nous donne en toute matière

les explications les plus satisfaisantes , voudra bien nous dire ce qu'il pense de l'affaire de Grandier , curé de Loudun , et de l'ensorcellement prétendu des religieuses de la même ville.

Emile.

Cette affaire n'eut pas moins d'éclat que celle de Galilée. Urbain Grandier , accusé de sortilège fut jugé et brulé tout vif. Le motif de ce jugement choque bien des gens , et l'on demande quel fond il fallait faire sur la magie imputée à Grandier.

Je n'aborderai pas directement la question. Je n'examine point si les possessions des ursulines de Loudun ont été vraies ou imaginaires; je ne prononce pas sur la réalité de ces possessions ; mais je ne me rangerai point parmi ces critiques outrés dont les arguments et les ironies vont à établir l'impossibilité de toute possession diabolique. Les exemples qu'on en trouve dans l'évangile et dans les monuments des premiers siècles , prouvent qu'il peut s'en rencontrer encore , et l'église en juge ainsi puisqu'elle a établi pour cela des exorcismes.

Je n'ajoute qu'une anecdote. Elle concerne

le vertueux Fénélon. Une femme (Mme Guion) dont la mysticité séduisit le pieux archevêque avait publié dans quelques écrits pleins d'extravagance son quiétisme, suite de la doctrine de Molinos. Fénélon plus attentif aux écarts d'une imagination trop ardente, n'envisagea uniquement que les grandes idées que cette femme s'était formée de Dieu, et surtout son amour sans partage pour l'être infiniment aimable. Il essaya même de prouver ses principes et publia pour cet effet son fameux livre des maximes des Saints. L'illustre Bossuet, l'oracle de l'Eglise de France, réfuta sa doctrine et le fit avec trop d'aigreur. Les deux prélats envoyèrent leurs écrits au pape Innocent XII. Le livre de Fénélon fut condamné, et son auteur plus grand par sa modestie que Bossuet par son triomphe souscrivit en chaire à la condamnation de ses écrits.

De Valmont.

Je reprends l'histoire d'Angleterre. Jacques, duc d'York frère de Charles II, est proclamé. Il étouffe d'abord quelques factions. Le duc de Montmouth fils naturel de Charles II, périt sur l'échafaud; un ministre de la justice multiplie les exécutions pour intimider les rebelles ; mais ces moyens violens ne peuvent affermir un trône trop chancelant. La faveur que Jacques accordait aux catholiques , les témoignages éclatans d'estime et de vénération qu'il donnait aux envoyés de la cour de Rome, indignent les protestants. Ils appellent le prince d'Orange que vous connaissez déjà. L'usurpateur débarque, la défection survient dans l'armée royale ; le prince Georges, le duc d'Omond gendre du roi, la princesse de Danemark sa fille, quittent la cour. Jacques est contraint de chercher un asile hors du royaume.

Ambroise.

La reine partit la première et se rendit près de Louis XIV, avec le jeune prince de Galles. Jacques II, après avoir jeté le grand sceau dans la Tamise, pour qu'on ne put légitimer aucun acte pendant son absence, s'embarque sur une frégate. Le vent ayant contrarié ses projets, l'oblige de relâcher près des côtes. Il fut reconnu et supplié de retourner à Londres. Il était réellement prisonnier du prince d'Orange, quand il parvint à s'échapper ; il aborde en Picardie, et va trouver le protecteur ordinaire des rois. Louis XIV l'accueillit à Saint-Germain; la fuite du roi fut regardée en Angleterre, comme une abdication. Guillaume assemble une convention libre, ou parlement sans roi; on défère la couronne à ce prince ambitieux qui jure avec Marie, son épouse, de maintenir et d'observer les lois du royaume. Telle est la révolution que le prince d'Orange opéra par sa seule habileté; c'est ainsi que, sans éffusion de sang, un grand roi défendu par une flotte formidable et une armée nombreuse, se vit tout à coup renversé du trône. Guillaume III prince d'Orange et de Nassau fut proclamé à Westminster avec les cérémonies accoutumées.

Théophile.

Jacques II aidé des secours de la France, va reparaître bientôt dans son royaume et tentera de remonter sur le trône. Nous verrons encore les nouvelles intrigues de Guillaume et la ligue d'Ausbourg. je désire connaître avant tout ce que M. Émile pense sur la révocation de l'édit de Nantes qui fit sortir de France un nombre considérable de familles protestantes qui furent contraintes de chercher un asile dans les royaumes voisins.

Emile.

Je n'ignore pas, Monsieur, les sentimens des religionnaires sur ce point, ni les clameurs qu'ils ont élevées sur la sévérité de cet édit, sur la rigueur de son exécution, et sur la prétendue tyrannie de Louis XIV. Je sais que les princes n'ont pas droit de commander aux consciences et d'employer la force pour le seul fait de la religion ; mais je sais que quelques soient les imputations des protestans qui ont osé dire que le roi avait armé la moitié de ses sujets pour égorger l'autre moitié, je sais que la probité et l'équité la plus sévère n'ont rien à reprendre dans l'opération de Louis XIV. sans parler des maux que l'hérésie à faits en Allemagne, dans les royaumes d'Angleterre, d'Ecosse, d'Irlande, dans les Provinces-Unies et ailleurs, rappelez ce que les Sectaires ont fait en France pour l'extinction de la religion de nos pères, et vous serez convaincus des droits incontestables de Louis dans la publication de son édit de révocation.

Julien.

Nous aurions dû parler plutôt de la ligue d'Ausbourg, qui plaça le prince d'Orange sur le trône de Jacques II. Développons maintenant les motifs de cette célèbre confédération. Léopold, en succédant à Ferdinand III, avait rejeté sur Louis XIV les alarmes que Ferdinand avait inspirées à l'Allemagne. (1) Le roi de France détruisit ces préventions par le traité de Nimègue, mais la conduite qu'il tint après la paix justifia les allégations de Léopold. Les chambres de réunion établies en Alsace et dans les trois évêchés et les arrêts rendus par ces chambres furent regardés comme une infraction au traité de Nimègue et de Westphalie, et produisirent la ligue d'Ausbourg. Elle fut ménagée par le Stathouder qui méditait son élévation, et qui répandait les millions de la Hollande pour fasciner tous les yeux et les fixer uniquement sur Louis XIV. L'empereur, le roi d'Espagne, qui eût protégé Jacques II, si celui-ci n'avait pas eu sa cause liée à celle de Louis XIV, l'électeur de Brandebourg entrèrent dans cette confédération. Alors survint

---

(1) On craignait toujours de voir s'établir une monarchie universelle comme au temps de Charles Quint et de Ferdinand II ; et Guillaume III, avait intérêt d'entretenir ces frayeurs utiles à son ambition.

la campagne de 1688. Ajoutez à ces ennemis redoutables le duc de Savoye, presque toute l'Italie et la plus grande partie de l'empire, et montrez-nous ensuite les ressources de la France dans un péril aussi grand.

Ambroise.

A la tête des nouveaux guerriers qui vont soutenir la fortune de la France, je vois le Dauphin, fils unique de Louis XIV, se rendre maître de tout le pays situé entre Bâle et Coblentz. Spire, Vorms, Philisbourg, Mayence, sont aux Français. Le Palatinat se couvre de nouveaux embrâsemens. Le duc de Lorraine et l'électeur de Bavière, diminuent momentanément ces succès. Le maréchal d'Humieres est battu dans les Pays-Bas; mais Luxembourg (1) dans la plaine de Fleurus rappelle la victoire. Le combat de Leure, la sanglante bataille de Stinkerke, celle de Neuwinde où Guillaume fut vaincu, fournissent des moissons de lauriers au digne élève du grand Condé. Le roi lui-même, en présence de 80,000 hommes commandés par Guillaume, s'empare de Na-

______

(1) Louis XIV l'appela le tapissier de Notre-Dame.

mur , sans que celui-ci puisse apporter aucun secours à la place. Catinat chéri du soldat , fixant toujours sous ses drapeaux la victoire et la vertu , repousse au pas de Suze le duc de Savoie. La France voit en lui le vainqueur de Staffarde et de la Marsaille. Eugène , son digne rival , l'arrête en Italie , mais ne peut en triompher ; de Lorges en Allemagne obtenait quelques succès, et Noailles en Catalogne se montrait toujours intrépide, toujours infatigable.

Amédée.

Mais la France victorieuse pleurait Louvois et Luxembourg, et se ruinait déjà par ses triomphes. La guerre ne se soutenait plus qu'à force d'impôts ruineux pour l'état. En 1692, Louis, par intérêt pour son peuple , offrit lui-même des conditions de paix. elles furent rejetées , et ce refus prolongea quatre ans les hostilités. Guillaume soufflait la discorde, et tous les cabinets semblaient les agens de son animosité ; on accepte les propositions et on signe la paix de Risvick en 1797.

Julien.

Que devint Jacques II, que Louis XIV s'é-
tait fait un point d'honneur de secourir?

Amédée.

Les espérances de ce malheureux prince s'é-
taient évanouies après le combat naval de la
Hogue, jour fatal duquel date le dépérissement de notre Marine, mais qui n'enleva rien
à la juste réputation de Tourville, noble élève
de Duquesne, et formé par ses propres exemples. Ce savant amiral projetait une descente
en Angleterre, lorsque le vent sépara deux es-
cadres qui devaient se réunir, et força la flotte
française à soutenir un combat inégal.

De Valmont.

Vers le temps où notre marine éprouva ce
terrible échec, une rivalité de commerce entre
les négocians d'Angleterre et les armateurs
de Saint-Malo, donna lieu à l'invention la plus
effroyable et la plus honteuse. Le génie de la
destruction mit au jour une machine justement
appelée infernale, c'était un vaisseau d'envi-
ron 350 tonneaux, ayant 90 pieds de quille,

maçonné en tout son contour avec de la brique, et contenant plus de 100 barils de poudre couverts de goudron, de souffre, de poix résine, d'étoupes, de paille et de fagots. Cet appareil infernal fut dirigé sur le port de saint-Malo ; la machine produisit des effets terribles, mais par un accident imprévu, les Anglais ne retirèrent de cet affreux moyen que la honte attaché à une entreprise infructueuse.

Julien.

Le 17.ᵐᵉ siècle se termine enfin par la guerre de la succession. Charles II roi d'Espagne lègue sa couronne à Philippe de France, duc d'Anjou, il est reconnu sous le nom de Philippe V, et ce qui vous étonnera, c'est que Guillaume III conduisit lui-même les opérations et se déclara le protecteur d'un petit fils de Louis XIV.

Emile.

Cela n'étonne point ceux qui connaissent les vues du roi d'Angleterre. Son plan primitif était d'expulser pour jamais les Stuarts de l'Angleterre, et d'empêcher les Bourbons de s'asseoir sur le trône d'Espagne. Léopold refusa de servir ses projets, et dès lors, Guillaume

par ressentiment embrassa le parti de la
France. Il exigea cependant quelques sacrifices et surtout la promesse de ne jamais faire
de la France et de l'Espagne une seule monarchie. Philippe V règne donc paisiblement
en Espagne. Nous verrons au 18.ᵉ siècle, le
changement que la mort de Guillaume fera
subir à la politique.

DIX-HUITIÈME SIÈCLE.

Ambroise.

La mort de Charles II , et l'avénement du petit-fils de Louis XIV au trône d'Espagne , répandent l'alarme chez tous les potentats de l'Europe. On s'était promis en vain du repos ; en vain le grand Roi répétait à Philippe V ces mots si chers à son grand cœur : « Il n'y a plus de Pyrénées. » L'ambition renouvelle les semences de discordes ; dès 1701 l'empereur Léopold fait recommencer la guerre en Italie. Villeroi remplace Catinat dans le Milanez ; sa fierté choque le duc de Savoie, beau-père de Philippe V , qu'il eût fallu ménager dans ces circonstances. L'armée française est battue malgré les efforts de Catinat qui cherchait la mort dans une action dont il avait prévu les suites.

Théophile.

Eugène de Savoie, dont le nom est devenu si illustre, était fils du comte de Soissons gouverneur de Champagne, et d'une ancienne nièce du cardinal Mazarin. Trop dédaigné à la cour dès sa jeunesse, il alla servir l'empereur contre les Turcs, et abandonna la France pour toujours. On le méprisait; il était l'objet des railleries des courtisans; vous le verrez cependant humilier Louis XIV, et faire trembler la France.

Julien.

Jacques II meurt à Saint-Germain; il pardonnait à Guillaume III, et recommandait à son fils le prince de Galles, de ne pas sacrifier sa religion au désir de monter sur le trône. Conservez, surtout, lui disait-il, de la reconnaissance pour Louis XIV, dont les généreux procédés ont adouci tous mes malheurs.

Ambroise.

Louis XIV proclame roi d'Angleterre le prince de Galles, et ce titre soulève la Grande-Bretagne. Les Anglais fatigués de l'humeur inquiète de Guillaume, eurent à peine connu cette proclamation qu'ils se réunirent de nouveau à leur souverain, et firent d'immenses préparatifs pour s'opposer à toute entreprise.

De Valmont.

Guillaume cependant ne survécut que cinq mois à son beau-père. Anne Stuart lui succède sans opposition, et, adoptant le système politique du jour, elle déclare la guerre à la France. Avez-vous observé de près la vie de Guillaume III ? Elle prête aux réflexions les plus sérieuses. Si vous considérez ses dispositions habituelles, les inquiétudes dont il était agité au sein des grandeurs, et dont il ne pouvait guère se distraire que par l'agitation, dans les camps ou dans les exercices pénibles de la chasse, vous déplorerez les tristes effets de l'ambition, et vous vous persuaderez sans peine que Guillaume, sur un trône usurpé, fut moins heureux que Jacques dans son illustre exil.

Emile.

En 1704, vous voyez changer la face de l'Europe. L'Angleterre méditant depuis longtemps ses projets de domination dans Lisbonne, inspire à cette cour une méfiance défavorable à la cour d'Espagne. L'Espagne est presque conquise par le Portugal.

Julien.

L'Allemagne est de même, en un moment, délivrée des Français, grâce à l'habileté du prince Eugène, et aux talens militaires du prince de Bade, le fameux duc de Marlborough, qui va devenir la terreur des armées françaises.

Amédée.

L'époque de sa plus grande gloire militaire est la bataille de Blenheim où Tallard et Marsin combattaient pour la France. Les vaincus reculèrent du Danube jusqu'au Rhin, après avoir perdu 27 bataillons et 4 régimens de dragons qui furent faits prisonniers. 1200 Français restèrent sur le champ de bataille. La France perdit encore 30 pièces de canon et 100 lieues de pays.

Ambroise.

Vendôme, le plus ferme appui de Philippe V, quand Louis XIV eût retiré ses troupes, se distinguait contre le prince Eugène ; mais Barcelonne ouvrait ses portes à l'archiduc, et l'Angleterre et la Hollande faisaient des efforts incroyables pour renverser le trône chancelant de Philippe, et pour y placer le prétendant.

Emile.

Villeroi, à la tête de 80,000 hommes, ne répondait pas à la confiance de son maître. Contre l'avis des officiers-généraux, il voulut hasarder une bataille. Marlborough, en une demi-heure, eut défait les Français, et gagné la bataille de Ramillies. Louis XIV épargna au vieux maréchal la rigueur d'un reproche. M. le maréchal, lui dit-il en le revoyant, on n'est pas heureux à notre âge. On venait de perdre presque toute la Flandre espagnole.

De Valmont.

Louis ne conservait déjà plus qu'une ombre de sa première grandeur; il sentait s'affoiblir sensiblement cette ardeur qui présageait toujours quelque succès. La discipline militaire languissait depuis Louvois; les régimens n'avaient plus que des jeunes gens à leur tête, et les ennemis avaient au milieu d'eux Eugène et Marlborough, tous deux intimement unis, et arbitres des volontés de la reine Anne.

Théophile.

La France avait encore des ressources, puis-que le duc de Bourgogne, secondé du maré-chal de Vendôme, était en Flandres à la tête de 100,000 hommes. Si l'union n'eût pas été altérée entre ces deux personnages, la victoire eût long-temps balancé entre les deux partis ; mais le caractère du prince et de ces deux courtisans ne put s'allier à celui de Vendôme, et la mésintelligence qui en fut la suite, attira la déroute qu'essuya l'armée française à Ou-denarde. Lille, place forte défendue par Bou-flers pendant 4 mois, est emportée par le vain-queur. Gand, Bruges ne résistent pas ; Paris est bientôt consterné. Pour comble de désas-tres, un cruel hiver désole les provinces méri-dionales, et rend impossible la perception des impôts. Bien plus, le pape Clément, pressé par les Impériaux, reconnaît l'archiduc. Louis XIV adresse alors des propositions de paix. Elles furent reçues avec la hauteur dont un ministre français avait usé en pareille circonstance. Du reste, Louis XIV attendait les réponses les plus dures, et préparait déjà son âme aux grands coups qui devaient l'accabler. L'or-gueil épais des bourgeois d'Amsterdam était trop sûr du triomphe pour rien rabattre de ses prétentions ; il fallut continuer la guerre. Elle parut d'abord favorable ; Villars, Bouflers, après lui, glorieux de servir sous ce grand capitaine, gagnèrent la bataille de Malplaquet ; mais les Français perdirent le champ de bataille, et furent contraints de reculer.

Julien.

On reprit alors les négociations ; elles furent favorablement accueillies de la reine d'Angleterre dont Marlborough avait perdu la faveur.

Amédée.

Qu'importe cependant le succès de ces négociations, lorsque la France est dans la consternation ; lorsque Eugène menace Reims, jette l'alarme dans Versailles, et porte les derniers coups à la grande âme de Louis XIV ? Et dans quelles circonstances surviennent encore tant de revers ? au moment où Louis-le-Grand déplore la mort de son fils unique, celle du duc de Bourgogne, second dauphin, celle de leur fils aîné, le duc de Bretagne, et lorsqu'il considère avec effroi, dans un jeune enfant moribond (1), les dernières espérances de la monarchie ?

______

(1) Le duc d'Anjou, Louis XV, âgé de 5 ans.

Emile.

La Providence, qui veille sur les destinées de la France, confond subitément tous les calculs, et dissipe de trop justes alarmes. Eugène, trop confiant sans doute, campait près de Denain. Ses lignes sont trop écartées; Villars saisit l'occasion, force le camp des ennemis, et sauve la patrie éplorée. De nouveaux succès font naître de nouvelles espérances. La paix générale est signée à Utrech; la Hollande la signe en frémissant; mais elle fut pour Louis XIV un adoucissement aux chagrins domestiques dont il était dévoré. Louis-le-Grand, après avoir assuré à son petit-fils la plus belle partie de la monarchie espagnole, uni à la France ses plus anciens ennemis, va terminer enfin sa longue et glorieuse carrière. (1) Il s'avance avec une noble tranquillité vers son tombeau, et passe pour y parvenir sur les tombeaux de tous les siens. Le courage avec lequel il voit arriver sa fin n'a rien de l'ostentation répandue sur toute sa vie. Il avoue humblement ses fautes, donne à son petit-fils d'excellentes leçons, et meurt en héros chrétien, à l'âge de 77 ans, après 73 ans de règne.

____

(1) M. de Ferrand, *Esprit de l'histoire.*

Ambroise.

La révolution opérée dans nos arts, nos esprits et nos mœurs sous ce règne immortel, influa sur toute l'Europe. Elle s'étendit en Angleterre, porta le goût en Allemagne, les sciences en Russie, ranima l'Italie et força tous les peuples à payer un tribut de reconnaissance à la mémoire de Louis.

Julien.

Louis XV, arrière petit-fils de Louis XIV, supporte à 5 ans le poids d'une couronne. Au lieu d'un conseil de régence, le parlement défère la régence absolue au duc d'Orléans, prince aimable, dit l'histoire, génie supérieur, mais d'une licence effrénée, quant aux mœurs, on lui reprochera toujours l'élévation du cardinal Dubois. Cette nomination seule est capable de souiller une époque. L'Espagne disputa la régence, et c'est aux instances du cardinal Alberoni qui dirigeait alors le cabinet de Madrid. Cet Italien, parvenu, des derniers rangs de la société, au ministère de l'une des plus puissantes cours de l'Europe, dut son élévation à un de ces jeux de la fortune, dont le monde est quelquefois étonné. Cet homme extraordinaire, capable des plus grandes en-

treprises , après avoir tenté de détrôner Georges I en Angleterre , voulut dépouiller le duc
d'Orléans de la régence. La conspiration fut
découverte. Les ambassadeurs espagnols furent reconduits hors du territoire , et Philippe V fut obligé de renvoyer Alberoni sous
peine de voir recommencer les hostilités.

Théophile.

Messieurs, nous avons dépassé l'époque où
l'Angleterre montrait avec orgueil à l'Europe
un de ses héros. Nous n'avons rien dit du célèbre Marlborough; il serait à propos de connaître plus particulièrement ce grand homme.

De Valmont.

Votre réflexion réveille en moi le souvenir
d'un trait curieux attribué à quelques français au temps où Marlborough faisait la guerre
à la France. Voici le stratagème dont usèrent
en Allemagne quelques soldats français, pour
s'emparer d'un fort où les habitans du pays
avaient déposé des sommes considérables. Ils
se partagèrent en deux corps , qu'ils distinguè-
rent par divers uniformes. Des Français et de
faux Hollandais partant à une distance conve-
nue , réglèrent si bien leur marche et leur di-

rection qu'ils arrivèrent en même temps à la vue du fort ennemi; une querelle fort vive en apparence, s'engage entre les deux partis; plusieurs soldats roulent sur la poussière; d'autres, cédant à une épouvante simulée gagnent les portes de la forteresse; le commandant, trompé par un langage affecté, reçoit cette troupe perfide. Le fort est enlevé et chaque maraudeur a 25000 écus pour sa part au pillage.

Amédée.

J'en viens aux exploits de Marlborough. Le Maréchal de Tallard ayant été pris à la bataille de Bléneim, s'affligeait singulièrement de sa captivité. Le Duc s'efforçait d'adoucir ses regrets par différens motifs; « tout cela, reprit Tallard, n'empêche pas que vous n'ayez battu les plus braves troupes du monde. Marlborough ajouta : votre grandeur exceptera celles qui les ont battues. » C'est après cette campagne glorieuse que le Duc jouit à Londres du triomphe le plus honorable. L'orateur de la chambre des seigneurs vint le complimenter et le remercier des services qu'il avait rendus à la reine et à la nation, et des négociations qu'il avait dirigées dans toutes les cours d'Allemagne ; il lui souhaita une longue et heureuse vie , afin , ajouta-t-il , que par votre influence , l'Europe puisse résister au joug de Louis XIV. On éleva aux frais du public un palais immense qui porta le nom de Bléneim , village voisin de Hochstet. Cette bataille y fut représentée sur les tapisseries.

Ambroise.

A la bataille d'Oudenarde , les Français furent pris dans un piège tendu par Marlborough. Comme ils étaient dispersés çà et là , le rusé capitaine ayant fait sonner la retraite à la française , fit crier sur tous les points par un soldat : à moi Picardie , à moi Champagne et Lorraine. Ce cri perfide devint fatal à nos soldats.

Emile.

Nous avons parlé de la bataille de Malplaquet où nos troupes victorieuses avaient perdu néanmoins le champ de bataille. Cette journée fut une des plus singulières qu'on ait vues depuis plusieurs siècles ; il semble , dit un écrivain , que la fortune ait voulu voir jusqu'où pouvait aller la valeur humaine sans son assistance.

L'honneur du combat n'appartint à aucun parti où tous les deux purent s'en attribuer la gloire.

Julien.

Après tant d'ehauts faits, Marlborough élevé au comble des honneurs, devint encore le plus riche seigneur de l'Angleterre; on peut même dire le plus riche particulier de l'Europe. La plupart des pairs s'estimèrent heureux de pouvoir l'encenser à son retour et fléchir le genoux devant lui. Les plus grands seigneurs de l'Ecosse étaient forcés d'attendre dans l'antichambre du noble duc, et n'étaient guères mieux accueillis que les valets de quelques seigneurs qualifiés.

Ambroise.

Mais la fortune, lassée sans doute de tant de faveurs, l'attendait à Denain. Eugène repoussé par Villars, entraîne Marlborough dans sa défaite; envain le duc d'Albermale fait des prodiges de valeur; les bataillons entiers se précipitent dans l'Escaut, et Marlborough en un jour voit flétrir ses lauriers.

Théophile.

De petites causes amènent de grands effets ; en voici une preuve bien frappante : La duchesse de Marlborough fatiguait depuis long temps la reine par ses hauteurs. Le trait suivant fera connaître son orgueilleuse témérité ; Anne avait fait apporter une paire de gants de la dernière élégance : la duchesse, après avoir capté la bienveillance du marchand, ose se parer avant la reine ; cette présomption provoque une disgrâce humiliante. Son époux eut bientôt le même sort. Désapprouvant les projets de paix qu'on méditait avec Louis XIV, il cabala sécrètement ; ses intrigues furent découvertes, il fut renvoyé de la cour, privé de tous ses emplois ainsi que ses créatures. On peut dire que l'orgueil de la duchesse de Marlborough fut plus utile à la France que les victoires de son époux ne lui avaient été funestes.

Amédée.

Anne, après la disgrâce de Marlborough, perdit le prince de Danemarck, son époux. Les deux chambres la pressaient de former de nouveaux nœuds ; elle répondit qu'elle était bien résolue de ne point rompre son veuvage, ajoutant qu'elle avait pourvu à la succession dans la ligne protestante. La bonté, la douceur formaient le caractère de cette princesse ; elle avait un discernement exquis pour les arts , et un amour singulier pour les ouvrages d'esprit. Anne signa la paix d'Utrecht en arbitre de l'Europe et eut la gloire de réunir l'Ecosse à l'Angleterre, entreprise qui avait été inutilement tentée par ses prédécesseurs. Nous parlerons de son successeur, Georges de Brunswick, après avoir exposé le trop fameux systême de de Law, Ecossais fugitif, qui sous le règne du duc d'orléans vint proposer une étrange manière d'acquitter les dettes énormes de l'état.

De Valmont.

Ce systême me paraît ingénieux, et s'il eût été mieux dirigé, je ne doute pas que la France n'y eût trouvé de merveilleuses ressources.

Julien.

Law imagina de payer les dettes en papier ; une compagnie de commerce devait tout rembourser sur les profits qu'on supposait qu'elle ferait en Amérique. Le succès répondit d'abord aux espérances , mais les billets ayant été multipliés à l'infini, et la banque se trouvant épuisée par les sommes qu'on tirait sur elle, tout le crédit se dissipa, l'argent fut caché et les billets n'offrirent plus qu'une légère garantie. Law prit la fuite en 1726, laissant après lui un nom abhorré.

Emile.

Nous touchons au ministère du cardinal de Fleury qui à l'âge de 73 ans parût à la tête des affaires, et conserva jusqu'à sa mort la plus grande et la plus précieuse autorité. Suspendons nos dissertations sur l'histoire de France pour faire connaître la situation de l'église, au commencement de ce siècle, et à l'avénement de Clément II dont il nous importe de connaître les éminentes qualités.

Ambroise.

Monsieur Emile paraît prévenu favorablement pour le pape Clément : il est intéressant pour moi de le connaître plus à fond, car à n'en juger que par les écrits des derniers novateurs, je veux dire des partisans du jensénisme on n'a de son mérite qu'une légère idée.

Emile.

Ce pontife dont l'église respecte la mémoire, est en effet méconnaissable dans les libelles impies du dix-huitième siècle. Sachez donc ce qu'il faut penser de cet homme extraordinaire qui par un trait visible de la providence divine, prit le gouvernail de l'église à l'entrée d'un siècle où il allait s'élever tant d'orages. Je ne vous dirai point combien furent édifiantes les circonstances de l'élection de Clément porté comme de force sur le trône pontifical par le suffrage unanime et la persévérance inébranlable des 5o cardinaux du conclave, très-dignes, en grand nombre, d'occuper eux-mêmes la chaire de Saint Pierre. Ces détails vivement attrayans vous donneront du nouvel élu l'opinion la plus avantageuse. Je laisse à une juste curiosité le soin d'examiner des monumens si glorieux à la mémoire de Clément II. Mais ce que je ne tairai point et ce qui fera ressortir davantage la haute sagesse que ce pontife fit éclater, c'est l'état critique de l'Europe à son élection; la succession d'un prince Français à la couronne d'Espagne venait de mettre en feu tout le monde chrétien. Les sectes conjurées dans toutes les nations, profitèrent adroitement des négociations de paix pour enlever au parti catholique, au moyen des traités, ce qu'elles n'avaient pu lui enlever par les armes; la discipline s'altérait insensiblement par suite des guerres et des

troubles ; les missions et les progrès de l'é-
vangile chez les infidèles suivaient progressi-
vement la diminution d'un zèle attiédi. Une
des sectes les plus opiniâtres (1) et les plus
habiles à intriguer profitaient des crises et des
périls de toutes les puissances pour relever avec
plus d'éclat son idole. En un mot, l'église était
menacée des derniers malheurs sans un chef
capable de suffire à tous les genres de travaux.
Clement II parut, et l'église sous un pontificat
de plus de 20 ans ne perdit rien de ses droits
ni de sa gloire, et étendit au contraire ses
conquêtes sur les ennemis de la foi romaine
et aux extrémités du monde sur ceux du nom
de Jésus-Christ.

Ambroise.

Fixons maintenant notre attention sur la
querelle sanglante qui va de nouveau diviser
les nations. La France jouissait depuis 20 ans
d'une paix profonde et pouvait même espérer
d'en goûter le fruit jusqu'à la mort de Charles
VI. (2) Tout-à-coup la double élection d'un

---

(1) Le Jansénisme.

(2) C'est l'archiduc compétiteur de Philippe V dans
la guerre de la succession et qui fut élu empereur à la
mort de Joseph.

roi de Pologne sème la discorde parmi les puissances de l'Europe. Stanislas, beau père de Louis XV descend une seconde fois du trône de sa patrie, et l'empereur y place l'électeur de Saxe ; cette violence est un affront pour le monarque Français. Il prend les armes et se déclare pour Stanislas ; mais un second motif détermina Louis XV à prendre part à la guerre. Il voulut aider la deuxième branche de Bourbon qui régnait en Espagne à recouvrer ses belles provinces d'Italie.

Amédée.

Quel intérêt pouvait avoir l'Autriche à protéger de tout son pouvoir l'élévation d'un électeur de Saxe ?

Ambroise.

Un seul, le maintien de la pragmatique sanction Caroline dont voici l'objet. Charles VI, dernier roi de la branche de Hasbourg avait une fille, la célèbre Marie-Thérèse. Il lui avait assuré la presque totalité de la succession par le règlement dont nous venons de parler, car, d'après ses dispositions les archiduchesses devaient hériter suivant l'ordre de primogéniture de tous les états Autrichiens.

Emile.

Cette sanction fut faite au détriment d'un arrangement antérieur par lequel les filles de Joseph, prédécesseur de Charles devaient, au défaut d'enfans mâles, hériter préférablement aux filles de Charles VI. L'électeur de Saxe garantit aisément la pragmatique et obtint même quelque temps après la garantie de l'Angleterre, de la Russie, du Danemarck, de la Hollande et d'une partie de l'empire; mais on avait ajouté, dans l'acte d'accord, cette clause (sans préjudice aux droits de personne) article qui rendait inutile l'acte de garantie. Du reste Charles, ayant cassé le règlement de Joseph, pouvait-il espérer de faire respecter le sien ?

Théophile.

La conduite de l'Autriche dans cette guerre fut imprudente et impolitique. Pour le maintien d'un règlement qui pouvait être abrogé avant ou après les hostilités, devait-elle risquer ses belles possessions d'Italie, que le traité d'Utrecht lui avait assurées ?

Julien.

Après que l'Angleterre et la Hollande eurent d'après les insinuations du cardinal de Fleury, négocié la neutralité pour les Pays-Bas, nos armées se mettent en marche. Bervick parvenu au Rhin divisa son armée en trois corps ; le comte de Belle-isle s'empare de Trèves, le duc de Noailles avec le deuxième corps d'armée se porte à Hambourg, force les lignes d'Ettingen, tandis que Bervick, avec le troisième corps, assiège Philisbourg en présence du prince Eugène ; mais un boulet emporte le maréchal, et le commandement reste au marquis d'Asfeld et au duc de Noailles qui succèdent à son bonheur et à son habileté.

De Valmont.

En Italie Villars, termine sa triomphante carrière à 82 ans par la prise de Tortone, Milan et quelques autres places. Le maréchal de Coigny relève encore l'éclat de cette campagne à la bataille de Parme et de Guastalla ; en deux ans, l'empereur a perdu tous ses états d'Italie ; il sollicite alors une paix trop tardive on la conclut à Vienne en 1738, et l'Autriche par un des articles, cède le Barrois et la Lorraine qui furent donnés à Stanislas pour être réunies à la couronne de France, après le décès du monarque. Telle fut l'occasion de cette réunion importante de la Lorraine, province qui coûta des siècles de troubles et d'alarmes et qu'un descendant de Charlemagne avait perdu par sa faute.

Théophile.

Charles VI ne survécut que deux années au traité de Vienne. Marie-Thérèse, reine de Hongrie, prend possession des états de son père ; mais, au même instant, une foule de princes s'apprêtent à lui disputer la succession.

Amédée.

Il est intéressant de se bien fixer sur le caractère des divers contendans, nous apprécierons mieux leurs démarches.

Emile

L'électeur de Bavière, le roi de Pologne marié à la fille de l'empereur Joseph, les rois d'Espagne et de Sardaigne, s'approchent et réclament chacun diverses parties de la succession. Le roi de France, issu de la branche aînée d'Autriche par la mère et la femme de Louis XIV, fut le seul qui ne figura point parmi les compétiteurs ; mais le plus terrible de tous, quoique peu connu, fut l'électeur de Brandebourg Frédéric III, roi de Prusse, qui joua un rôle si distingué dans la guerre de sept ans; quelques vieilles prétentions sur les duchés de Silésie furent son motif de guerre; il se mit sur les rangs, résolu de frapper seul les premiers coups.

Amédée.

Vienne ne pensait pas qu'il pût s'élever de la Prusse un orage si terrible. Frédéric pouvait cependant appuyer ses prétentions; avec des talens supérieurs, des sommes immenses et une armée de près de 100,000 hommes, le Grand Frédéric fit aisément présentir à la reine ce qu'elle avait à rédouter. La courageuse Marie-Thérèse pouvant acheter la protection de cet ennemi dangereux au prix de la basse Silésie, préféra la guerre, mais la bataille de Molvitz lui inspira d'autres sentimens et d'autres pensées.

Ambroise.

Cette victoire devait procurer des partisans au Grand Frédéric, et il le prévoyait lorsqu'il tenta la fortune par un coup si hardi; en effet la France s'unit à la Prusse et se déclare en faveur de l'électeur de Bavière qui cherchait des protecteurs pour ceindre la couronne impériale. Le cardinal de Fleury, âgé de 85 ans, voulant terminer paisiblement sa carrière, avait souscrit à la pragmatique sanction, mais il ne put se maintenir dans son systême de paix. Des hommes ardents l'entraînèrent malgré lui, et il se porta, quoiqu'à regret à des mesures contraires à ses principes et à son âge.

Julien.

Les armées confédérées étant aux portes de Vienne, Marie Thérèse s'éloigne. Elle paraît devant la noblesse Hongroise, tenant son fils (Joseph II) entre ses bras. Un discours prononcé avec l'accent de la douleur, arrache des larmes et lui suscite des défenseurs; un cri d'enthousiasme se fait entendre. Mourons, disent ces braves Hongrois, mourons pour notre roi, Marie-Thérèse. Voilà comment se vengea cette nation si sensible à laquelle l'aïeul de Marie avait fait tant de mal.

Théophile.

La fortune change tout-à-coup et devient propice à la courageuse reine. L'Angleterre, la Hollande, la Sardaigne d'abord alliées de la France et maintenant indisposées contre elle, fournissaient déjà à Marie – Thérèse des secours d'argent. La mésintelligence, le désordre se glissaient parmi les troupes Françaises et Bavaroises. L'électeur de Bavière qui venait d'être proclamé empereur à Francfort sous le nom de Charles VII et qui s'était porté dans la Bohême, au lieu de s'emparer de Vienne, quand la reine abandonnait cette capitale, l'électeur, dis-je, abandonnait ses conquêtes et imitait la retraite du maréchal de Belle-Isle, qui avec 15, 000 hommes reculait du fond de l'Allemagne jusqu'au Rhin.

De Valmont.

L'Autriche a repris l'avantage ; le cardinal de Fleury meurt quelque temps après, avec le regret d'avoir entrepris cette guerre malheureuse sans laquelle son ministère n'eût été marqué que par des succès.

Ambroise,

La France et l'Angleterre n'ont été jusqu'ici qu'auxiliaires, elles vont devenir parties principales dans cette guerre. Le maréchal de Noailles, chargé par Louis XV de la conduite d'une armée, dispute l'entrée de l'Allemagne aux Anglais auxiliaires de la reine de Hongrie. La bataille de Dettingen perdue par trop de précipitation va signaler de nouveaux héros. Mais je m'aperçois que nous anticipons sur les événements. Avant d'admirer les qualités guerrières de Georges II roi d'Angleterre présent à la bataille dont je viens de parler, quelqu'un de ces Messieurs nous fera part du règne de son prédécesseur.

Amédée.

Georges de Brunswik, électeur de Hanovre, et de la maison des Stuarts, fut appelé au trône non par un sentiment de bienveillance pour cette maison, mais uniquement parce qu'on le crut nécessaire pour le maintien de la religion protestante. C'est ce qui fit régler que la succession ne serait établie que dans la branche protestante. On joignait à ses titres lors de son couronnement celui de protecteur de la foi.

Emile.

Georges dont la maxime était de n'abandonner jamais ses amis, de rendre justice à tout le monde et de ne craindre personne, donna bientôt une preuve frappante de la fermeté de son caractère.

On remuoit en Ecosse en faveur d'un jeune prince prétendant à la couronne. Plusieurs officiers ayant embrassé le parti des rebelles, étaient détenus dans les fers; on attendit vainement un trait de clémence de la part du nouveau roi. Les épouses de ces illustres proscrits vinrent alors étaler aux pieds du monarque le spectale attendrissant de leur douleur; Georges fut insensible aux charmes de la beauté. Plus ingénieuse que ses compagnes, une d'elles pénètre à la cour, soutenue par deux jeunes personnes et le visage couvert d'un mouchoir. Bientôt, à la faveur d'un vêtement emprunté, le milord s'échappe et gagne les ports de France ; l'héroïne de l'amour conjugal obtint sa liberté.

Julien.

Ce trait généreux m'en rappelle un autre. Le docteur Freind, premier médecin de la reine, avait déclamé au parlement contre le ministère en qualité de député du bourg de Lameston et venait d'encourir une disgrâce. Il gémissait au fond d'un cachot, comme prévenu du crime de haute trahison, quand le ministre Valpool tombe malade. Un médecin, nommé Méad, intime ami de Freind appelé par le ministre, répond de sa guérison, et promet en même temps de ne faire aucun traitement avant d'avoir obtenu l'élargissement du prisonnier. Il obtient cette insigne faveur, et met le comble à sa générosité en offrant à son ami cinq mille guinées qu'il avait gagnées en traitant ses malades.

Théophile.

Le prétendant que nous verrons sous le règne de Georges II, s'engager en de tristes avantures, tenta sous celui-ci une grande expédition. Charles XII mécontent de Georges I.er, prend parti pour son ennemi. L'Espagne dirigée par Alberoni, lui offre sa protection, et l'invite à venir recevoir d'avance les plus grands honneurs. Une flotte équipée à grands frais, faisait voile déjà vers l'Angleterre sous la conduite du Duc d'Ormond; elle n'eût pas plus de succès que la fameuse flotte (l'invincible) de Philippe II. Les vents combattant pour la grande Bretagne, eurent en un moment dispersé les vaisseaux sur la surface des mers.

De Valmont.

En 1717 le Roi d'Angleterre suspendit l'exercice des parlements et voulut ramener parmi ses sujets le plaisir et l'allégresse. Vous ne lirez pas avec indifférence le détail de ces fêtes royales où le monarque dépouillant le faste qui l'environnait, prenait familièrement ses repas, mangeait toujours en compagnie, et retranchait tout cérémonial; les jeux et les parties de plaisir se prolongèrent jusqu'à la fin de l'été, et le peuple applaudissait aux transports de la cour; un trait assez singulier fit remarquer l'un de ces divertissements. Le roi présent à un bal, y parla masqué à une dame masquée aussi; ils allèrent tous deux se rafraîchir, et comme on versait à boire, l'inconnue dit tout haut : à la santé du prétendant; « de tout mon cœur, reprit le roi, je bois à la santé de tous les princes malheureux. » Ce prince mourut dans un de ses voyages à son électorat de Hanovre. On compte parmi ses défauts l'amour excessif qu'il eut pour la duchesse de Kendall qu'il créa grand écuyer, titre aussi peu convenable à une femme que celui de chef suprême de l'Église au monarque lui-même.

Amédée.

Georges Ier donna un nouveau lustre à l'ordre des chevaliers du Bain, ordre qui remontait aux rois saxons. La réception de trente-six chevaliers, à la tête desquels était le prince Guillaume II, fils du prince de Galles, se fit avec une pompe extraordinaire. Après le serment accoutumé, le maître-queux du roi (1), tenant un couperet à la main et ceint d'un tablier, dit à chaque chevalier : Si vous observez le serment que vous venez de faire, il vous fera grand honneur ; si vous le faussez, je serai obligé par ma charge de vous abattre les éperons avec mon couperet.

Julien.

Georges II brouillé depuis long-temps avec son père, quand il monta sur le trône, n'avait pris aucune part aux affaires du gouvernement ; mais son génie lui offrit les plus grandes ressources. Il va se trouver en personne à la bataille de Dettingen. M.ʳ Ambroise, dites-nous ce qu'elle offre de plus remarquable.

Ambroise.

Georges II, cerné de tous côtés par le maré-

____

(1) C'était autrefois le premier maître d'hôtel.

chal de Noaïlles dont les dispositions militaires furent admirables, n'avait, pour se tirer d'affaire, qu'un défilé fort étroit, et cette gorge
périlleuse était encore commandée par l'ennemi qui faisait sur cet endroit un feu conti-
nuel. La victoire était aux Français, si le jeune
duc de Noaïlles n'eut voulu donner tête bais-
sée dans le péril, et n'eût détruit les effets de
l'artillerie qui craignit de tirer sur nos gens.
Georges profitant de cet avantage s'ouvre un
passage et lutte contre l'ennemi avec une valeur extraordinaire. Du reste cette guerre entre la France et l'Angleterre se fit comme entre deux nations rivales mais généreuses ; le
maréchal de Noaïlles recueillit 600 blessés
anglais qu'il fit panser avec soin. Stairs lui
renvoya les prisonniers français, le duc de
Cumberland fit même panser avant lui un de
nos mousquetaires.

Théophile.

On agissait différemment sur le Rhin. Un
simple colonel, le barbare Mentzel, agissant
et s'exprimant au nom de sa souveraine, som-
mait six provinces de France de se rendre au
plutôt, et les menaçait en cas de refus de faire
pendre les habitans, après leur avoir fait cou-

per le nez et les oreilles. Cet homme aurait
trouvé place dans l'histoire des Huns.

Emile.

Cependant la France était menacée des plus
grands périls. Le roi de Prusse avait, après le
traité de Breslau, embrassé le parti de Marie-
Thérèse; le prince Charles, frère du grand duc
passait le Rhin et pénétrait en Lorraine. Louis
XV va, aidé du maréchal de Noailles, faire
sa première campagne. Après quelques succès
obtenus dans la Flandre, il va porter son attention sur la Lorraine déjà troublée par des
partis ennemis ; mais une maladie dangereuse
le force de s'arrêter à Metz. La France, à cette
nouvelle, laisse éclater sa douleur : c'est une
famille éplorée qui tremble pour les jours
d'un père. Le surnom de bien aimé fut donné
à Louis XV dans cette circonstance, et d'une
voix unanime.

Ambroise.

Les vœux de la France sont exaucés; le
Roi revient à la vie, et vole sous les remparts
de Fribourg qui fut réduit au bout d'un mois.
La mort de Charles V, survenue en 1745,
fournissait une belle occasion de faire la paix.

Louis XV la desirait, mais on suivait le système de Guillaume III, qui était d'armer le continent contre la France pour l'empêcher de
soigner sa marine. Il fallut attaquer la Hollande, et la vaincre pour obtenir la paix. Je
cite la Hollande, car elle entretenait avec ses
tonnes d'or les troupes de l'Autriche, qui fit
presque toujours la guerre avec l'argent des
autres, et qui dans ce moment méditait contre
la France une guerre d'invasion.

Amédée.

La journée de Fontenoy, dont un Français
doit connaître toutes les circonstances, va
confondre bien des projets. Louis XV et le
dauphin animaient nos braves de leurs regards.
Le maréchal de Saxe, frère naturel du roi de
Pologne, eut l'honneur du commandement,
quoique malade, et fut pour la France un
nouveau Turenne. Cependant les Anglais et
les Hanovriens mirent par leur intrépidité nô-
tre France en péril. Le duc de Cumberlan,
fils de Georges II, pénétrait déjà dans nos rangs
avec une colonne serrée, quand une pièce
d'artillerie pointée sur la colonne change les
destinées de l'armée. Au même instant, la maison du roi, soutenue par quelques troupes,

tombe sur l'ennemi et décide de la bataille ; les ennemis perdirent trente mille hommes.

De Valmont.

Le pacifique monarque, le jour même de la victoire, écrivait à son ministre en Hollande d'offrir la paix au prix de ses conquêtes. Mais la maison d'Orange repoussait des offres si généreuses. Louis poursuit avec vigueur ses conquêtes ; Bruxelles, Anvers, Namur, sont emportés rapidement ; rien ne peut arrêter le torrent ; le Roi pénètre enfin sur les terres de la Hollande. Cette orgueilleuse république ne s'effraie point du péril ; elle rétablit le stathouderat en faveur d'un prince d'Orange, et prépare de nouvelles résistances.

Julien.

Comment sans un nouveau Marlborough pouvoir se promettre du succès contre un des meilleurs généraux qu'ait eu la France ? le maréchal de Saxe était devant Maëstrich et disait en bon politique que la paix était dans cette ville. Mais il fallait en former le siége et il paraissait impossible en présence d'une armée de quatre-vingt mille hommes.

Tout-à-coup le maréchal donne le change à l'ennemi et par une marche savante, admirée comme un chef-d'œuvre de l'art militaire, il s'approche de la place et menace de l'envahir avant qu'elle puisse obtenir aucun secours.

Emile,

La terreur est universelle ; la paix si long-temps refusée est enfin demandée à grands cris. Elle se fit à Aix-la-Chapelle, en 1748, entre la France, l'Angleterre et la Hollande. Cette paix change peu de chose à l'état de l'Europe. L'Autriche y perdit la Silésie, Parme, Plaisance, et quelques lambeaux du Milanais, qui passèrent au roi de Sardaigne; elle ne gagna donc rien à refuser les offres de Louis XV. L'Angleterre y gagna l'ordre reconnu de la succession de la maison de Hanovre, et l'exclusion des Stuarts. Du reste chacun se rendit ses conquêtes, preuve que la prolongation de la guerre avait été injuste et impolitique. La plupart des traités antérieurs y furent confirmés. Ce fut la confirmation des pertes de l'Autriche depuis cent ans.

Théophile.

(1) Le politique profond, dont nous emprun-

____

(1) Mr. de Ferrand, esprit de l'histoire.

tons si souvent les idées et les expressions,
nous invite à faire ici, à l'occasion de l'Autriche un état comparatif des deux maisons depuis François Ier et Charles-Quint. Les résultats de cette comparaison tiennent d'une politique trop ingénieuse pour ne pas les reproduire
ici en entier. Vous verrez donc, en examinant
les situations respectives des deux puissances,
la première s'agrandir insensiblement, tandis
que l'autre va toujours en décroissant, et perd
continuellement sans pouvoir compenser ses
pertes.

Ambroise.

C'est que l'agrandissement de l'Autriche,
trop prompt et trop étonnant, s'était formé
de possessions vastes, mais non contiguës.
Les immenses provinces qu'elle possédait
étaient bien gouvernées par l'Autriche, mais
n'étaient point autrichiennes ; elles étaient
suffisantes pour former plusieurs états, mais
ne pouvaient jamais former un bel empire.
Charles-Quint, continue le même écrivain,
pressentit cette vérité, et fit des efforts pour
empêcher qu'elle ne fut connue. Philippe II,
qui avait plus d'orgueil que d'adresse et d'acti-

vité, fut le véritable auteur de la décadence de sa maison. La France, au contraire, s'agrandit continuellement, et se consolida bien plus par des réunions que par des conquêtes. C'est ainsi qu'elle chercha toujours, par des principes reconnus, à ramener à l'unité de la monarchie, ce qui en avait été distrait dans des temps d'anarchie et de trouble. (1)

Emile.

Je ne puis m'empêcher, messieurs, d'ajouter deux observations du même auteur; elles m'ont paru du plus grand intérêt. Observez donc premièrement que l'Autriche a toujours fait la paix trop tard depuis le traité de Westphalie, et lors même de ce traité. Dans toutes les guerres, quelque soit l'événement, il y a un point où l'on ne gagne plus rien à les prolonger, et après lequel on consomme sans utilité les hommes et l'argent. Le gouvernement qui commet cette faute, manifeste qu'il continue une guerre d'humeur, et ce secret

---

(1) ainsi s'opéra la réunion de la Lorraine, qui devait, après Stanislas, retourner à la couronne.

dévoilé mécontente le peuple et irrite les
ennemis. Remarquez en second lieu combien la France fut heureuse d'avoir eu, après
le règne calamiteux des derniers Valois et durant cent cinquante ans, de bons rois et de bons
ministres. Ils furent toujours ce qu'il fallait
pour réparer les désastres de la France, et
la maintenir au rang où elle devait être.

De Valmont.

Montrons maintenant ce qu'était Louis XV
pendant la paix ; il fut le père et le protecteur des arts ; il les animait de ses regards ,
et les encourageait de ses bienfaits ; c'est
à lui que les militaires français doivent
leurs plus beaux privilèges. Par un de ses
édits la noblesse fut accordée à ceux qui ser-
vaient dans ses troupes comme capitaines , et
dont le père et l'aïeul l'avaient servi en la
même qualité. L'illustre Ecole-Militaire fut
ouverte par ses soins à 500 gentilshommes peu
favorisés des biens de la fortune , et à ceux en
particulier dont le père était mort dans les
combats. C'est ainsi que, par une foule d'insti-

tutions immortelles, Louis XV assurait à la France une supériorité sur toutes les nations rivales.

Julien.

Il nous reste à parler de la guerre de sept ans qui suivit de près le dernier traité, et qui fut suscitée par l'Autriche à cause d'un article secret inséré contre elle dans le préliminaire d'Aix-la-Chapelle. Les Anglais, dont la puissance va s'accroître prodigieusement, interprêteront cet article en leur faveur, et jetteront encore l'Europe dans toutes les horreurs de la guerre ; mais laissons pour un moment des objets d'une si grande importance, et retournons en Angleterre pour y considérer les aventures et les expéditions malheureuses du jeune prétendant dont nous avons déjà parlé. M. Ambroise, entamez son histoire.

Ambroise.

Charles-Edouard (1) fit une descente en Ecosse, et s'empara d'Edimbourg, capitale

-----

(1) Charles Edouard fils aîné du chevalier de Saint Georges.

de ce royaume. Ses premiers succès portèrent l'alarme jusque dans la cour de Londres; il soutint sa réputation, ou plutôt en augmenta de beaucoup l'éclat dans un combat sanglant qu'il livra à l'armée anglaise, et d'où il revint triomphant. Son parti se trouvant sensiblement encouragé, il trouve sur ses pas des ressources de toute espèce. La bonne fortune favorise l'audace; le jeune prince profite de ces heureuses dispositions pour tenter une irruption en Angleterre; il y entre par la frontière occidentale, investit Carlisle et l'emporte. Proclamé roi de la Grande-Bretagne, il s'avance jusqu'à Manchester, et y établit son quartier. 200 Anglais se réunirent dans cette ville à l'armée des rebelles. Cette troupe d'aventuriers part de Manchester, et continue sa route vers la capitale. On n'était plus qu'à 50 lieues de Londres, quand le duc de Cumberland vint avec une armée à la rencontre du prétendant. Celui-ci pouvait, en usant de la même célérité, s'emparer de Londres où régnait la terreur et la confusion. Mais, au moment de franchir le dernier pas, il balance, perd la confiance de ses troupes; on se dispose à retourner en Écosse. Le duc de Cumberland avançait néanmoins, et on ne pouvait éviter une bataille ; elle se donne en effet à Culloden. En treize minutes la déroute des rebelles fut complète ; le prince cherche son salut dans la fuite, son armée est entièrement dissipée.

De Valmont

Les vainqueurs souillèrent par la barbarie cette mémorable victoire. En traversant les camps ennemis ils massacrèrent les victimes qui étaient demeurées mutilées et expirantes. Des ordres furent donnés , et les ministres d'une vengeance si cruelle furent si actifs dans l'exécution, qu'en peu de jours il ne resta ni maisons, ni cabanes, ni hommes ni bêtes dans une étendue de 25 lieues, qui ne fut plus couverte que de ruines, de pleurs et de désolation.

Amédée.

Voyez cependant errer sur ce théâtre d'infortune et d'horreur, le prince que la fortune a si cruellement traité. Chassé des montagnes dans les vallées , des rochers dans les cavernes, fuyant sans cesse de rivage en rivage, pour éviter la captivité ou la mort. Nous avons déploré dans une autre circonstance les peines et les souffrances du prince Edouard. Celles du nouveau proscrit sont bien plus longues et plus opiniâtres ; après avoir enduré la faim, la soif, le froid, la fatigue, et mille autres incommodités, voyez-le enfin s'embarquer dans l'équipage le plus déplorable, et faire voile vers la France, qui seule peut le dérober à la poursuite de ses ennemis.

Julien.

D'après la tâche que nous nous sommes imposée, nous n'avons plus qu'une seule guerre à rapporter. Les causes immédiates en doivent être attribuées à l'Angleterre, et ne contribuent pas à la gloire ni à l'honneur de cette nation. D'après le traité d'Utrecht, elle n'avait aucun droit à prétendre sur le Canada. Ses entreprises firent naître des réclamations auxquelles elle parut insensible. Trois cents vaisseaux furent ravis à la France sans aucune déclaration de guerre. Cette rupture ouverte contraria les vues pacifiques de Louis XV. La politique de la France va prendre une face nouvelle. Le roi de Prusse se dévoue à l'Angleterre ; l'Autriche au contraire devient notre alliée ; la Sardaigne, l'Espagne, la Hollande gardent une neutralité absolue.

Théophile.

Cette guerre s'annonce sous les plus heureux auspices. Le maréchal de Richelieu, dès l'ouverture de la campagne, enlève Port-Mahon aux Anglais. Après une victoire navale remportée par le marquis de la Galissonnière, le duc de Cumberland recule devant le maréchal d'Estrées; l'électorat de Hanovre est conquis. Le roi de Prusse lui-même, abattu par plusieurs défaites, est déclaré ennemi de l'empire. Tout annonce le retour de la paix. On vit alors un exemple frappant des vicissitudes humaines. Une manœuvre savante, une artillerie formidable, vont confondre à Rosbach toutes nos espérances. Vainqueur sans presque combattre, le roi de Prusse vole en Silésie, bat les Autrichiens, recouvre ses avantages, tandis que les Anglais reprennent l'électorat de Hanovre

Emile.

La France soutint long-temps en Allemagne l'effort de ses ennemis ; elle vit tout à coup se relever, chanceler et s'affermir encore l'infortuné Frédéric ; mais enfin attaquée dans son propre sein, redoutant chaque jour les succès incroyables que procuraient à l'Angleterre des hommes de génie, au nombre desquels était Guillaume Pit, elle eut à déplorer bientôt la perte de ses possessions les plus importantes hors du continent. Dans l'Inde Chandernagor et Pondichéri, furent occupés par les Anglais; nous perdîmes dans l'Afrique, le Sénégal et l'île Gorée; l'île Royale, la Guadeloupe et la Martinique passèrent sous une autre domination. L'Espagne eut aussi ses revers et ses désastres. La frayeur qu'inspira subitement l'accroissement de la puissance anglaise donna l'idée du partage de famille à toutes les branches souveraines de la maison de Bourbon. Mais enfin le besoin de la paix est universellement senti; le traité de Paris et de Hubersbourg termine une guerre de sept ans.

Ambroise.

Il est pénible, Messieurs, d'avoir à retracer en ce moment la situation de notre pays. Tandis que les flots de sang coulaient pour des intérêts frivoles, les discordes intérieures augmentaient; les finances étaient épuisées; le crédit s'évanouissait; le peuple découragé, méfiant, adoptait les principes séditieux qu'on propageait sous le titre imposant de philosophie. Ces principes fermentant tous les jours,

(161)

développèrent enfin le germe des révolutions dont nos pères ont été les témoins. La religion de nos rois, de nos pères, de nos ancêtres n'est que foiblement soutenue ; je la vois minée sourdement par le philosophisme. Des religieux dont le nom seul inspirera toujours le respect et la reconnaissance, sont victimes d'une cabale habilement conduite. La France, l'Espagne, Naples, le Portugal les repoussent de leur sein. Les Jésuites sont anéantis. (1)

De Valmont.

Nous ne terminerons pas MM. cette dissertation sans payer un tribut à la mémoire de cette compagnie admirable, dont les bienfaits sont aussi constans, aussi avérés que peuvent être nos monumens les plus authentiques. Mais comme les œuvres de cette société vénérable, sont plus propres à former son éloge que notre faible voix, publions ici les derniers travaux de ces bons religieux, et les efforts héroïques de leur zèle.

Emile.

Que de merveilles n'aurions-nous pas à

---

(1) Il est à remarquer que les motifs de condamnation allegués, par les puissances, furent souvent contradictoires.

rapporter, si reprenant l'histoire de cette apostolique société, à l'époque où les Missionnaires quittèrent notre continent, nous entreprenions de citer ici les voyages, les courses qu'exigèrent les divers établissemens de leurs missions; nous nous bornerons à la seule mission du Paraguay, dernière œuvre de ce corps illustre qui, n'en doutons pas, avait rempli sur la terre sa destination. Car pour les hommes attentifs à la marche de la providence, l'extinction de la société de Jésus, comme l'époque de sa naissance est marquée au doigt de Dieu. Vous avez remarqué, MM. dans quelles circonstances ont paru les Jésuites. Vous savez que ce fut au temps précis ou l'église était menacée des plus grands périls, au moment où les sectes les plus opiniâtres déchiraient avec plus d'acharnement son sein maternel. Il falloit enfin arrêter les progrès du luthéranisme et des rejetons plus obscurs de ces sectes fameuses. Les pertes que l'église avait faites en Europe, devaient être réparées dans le nouveau monde. L'art de l'éducation surtout devait parvenir à un degré suffisant pour soutenir ces œuvres de salut. Un ordre est suscité pour opérer ces œuvres importantes. A peine a-t-il rempli sa Mission, qu'il tombe tout à coup sans même chanceler. Voyez les autres corps religieux traîner, avant d'expirer, une vieillesse languissante et souvent honteuse, tandis que l'ordre du bienheureux Ignace, sans avoir été jamais ni réformé, ni relâché, tombe ou cesse d'être, après s'être montré toujours, ce qu'il avoit une fois été.

Ambroise.

On l'a néanmoins poursuivi au-delà du tombeau. Après la dissolution du corps, on s'est acharné à ses membres épars, et dans la nation très-chrétienne, la plus humaine et la plus sensible, toute la grâce que leur aient fait des juges qui n'en avaient condamné ni jugé aucun, ce fut de leur assurer une existence qu'à peine ils auroient trouvé sortable pour leurs valets ; encore ne l'obtenait-on qu'au prix de l'apostasie. Venez cependant vous instruire à leur école, vous qui, cédant trop aisément à d'injustes préjugés, attaquez comme vos philosophes, des hommes, des religieux irréprochables dans leur foi, et d'une pureté de mœurs hors d'atteinte à la malignité même de leurs oppresseurs ; venez avec les diffamateurs des missions et des Missionnaires, contempler les travaux de l'apostolique société ; et si, malgré les inspirations de votre philantrophie, vous n'avez pas le courage d'imiter son zèle heroïque, soyez juste du moins et souffrez que de sincères admirateurs jettent quelques fleurs tardives sur son tombeau.

De Valmont.

C'est au sein de l'Amérique sauvage, au-delà des routes du soleil, que nous trouverons les traces ineffaçables de ces hommes de charité. Ici je vous montrerai le sang de plus de vingt Apôtres, et de cent Néophytes martyrisés avec leurs pasteurs pour y faire abonder les fruits du salut. Je vous ferai remarquer un de ses pères vénérables, traversant un bâton à la main, sans guide et sans compagnon, un désert de cinq cents lieues, où, à quelques missions près, on ne rencontre que des tigres et des antropophages. Au milieu de ces contrées arides vous verrez des sauvages qu'on avait eu peine à croire des hommes, se trouvant, par la plus étrange des métamorphoses ou plutôt par le plus grand des miracles de la grâce, les chrétiens les plus parfaits de l'univers. Non, s'écriait, dans les transports de son admiration, un de ces religieux chargé d'examiner le véritable état des missions, non, tout ce que l'on publie, n'approche pas de la réalité ; je ne sache pas qu'il y ait dans l'univers une chrétienté plus sainte. La modestie, la foi, et la charité, le désintéressement et l'union qui règnent parmi ces nouveaux fidèles, me rappellent sans cesse ces temps heureux, où les chrétiens détachés de la terre n'avaient qu'un cœur et qu'une âme, et rendaient, par le sacrifice de leur vie, le christianisme respectable à ses ennemis les plus acharnés.

Emile.

Ce témoignage du père Florentin, attesté par mille monumens divers, doit faire sur nos cœurs les plus touchantes impressions. Oui, Messieurs, si les religieux de la compagnie de Jésus n'avaient fait des sauvages de l'Amérique qu'une société régie par la raison, ils eussent mérité des autels ; que dirons-nous quand ils en avaient fait une société angélique?

Julien.

Toutes ces merveilles s'opéraient, Messieurs, dans le temps où les apôtres du mensonge fomentaient les désordres, introduisaient les

troubles et le scandale au sein des plus fer-
ventes communautés ; dans le temps où les
filles du Port-Royal rejetaient avec l'opiniâtreté la plus révoltante les décrets du Saint-
Siège, qui proscrivait le silence respectueux
dans lequel ces vierges abusées ne craignaient
point de se retrancher.

Théophile.

Il fallait détruire cette maison d'anathèmes,
où les anges de ténèbres ranimaient encore par
leurs apparitions furtives le germe de la sédi-
tion. Clément II prit le parti de dissoudre cette
communauté. Port-Royal fut rasé, et la con-
tagion s'en évapora.

Amédée.

Nous arrivons enfin au moment où vont se
rallumer, dans notre pays, les discordes civiles.
Le procès d'un membre de la magistrature (la
Chalotais) amène la ligue des parlemens.
Une ligue scandaleuse s'établit au détriment
de la majesté royale. Le monarque prononce
la dissolution de ce grand corps, et le remplace par une nouvelle magistrature. Cet acte
sévère, mais inévitable, présenté sous des
couleurs défavorables, mécontente le peuple.

Louis XV termine son règne sous les plus tristes auspices.

Julien.

L'orage est prêt d'éclater, mais n'en accusons pas le juste, l'infortuné Louis XVI. Allons chercher le germe de tant de malheurs dans les splendeurs du règne de Louis XIV, au sein des victoires qui épuisaient la nation. L'administration du régent développa ce germe fatal, et Louis XV prit des mesures ruineuses pour sortir d'embarras. Elles firent naître contre le gouvernement une méfiance voisine du mépris. Mais nous bornerons ici notre course, et nous nous garderons bien de fouiller plus avant dans les pages affligeantes de notre histoire; laissons à d'autres le soin de décrire les scènes malheureuses de la révolution, et d'en continuer le récit jusqu'à l'époque où des mains parricides auront tranché les jours du plus juste et du meilleur des rois.

NOTICE

SUR

LES ÉCRIVAINS CÉLÈBRES

Des trois siècles littéraires, de l'abbé

SABATIER.

SEIZIÈME SIÈCLE.

JEAN DORAT,

Professeur en langue grecque, de Paris, contribua beaucoup à la renaissance des lettres par sa manière d'enseigner cette langue: Ronsard fut son disciple et son admirateur. Dorat

fut aussi poète, et d'un mérite si distingué
qu'il a mérité le surnom de Pindare moderne.

DUBARTAS.

Sa Semaine réimprimée trente fois dans l'es-
pace de six ans, et traduite dans cinq langues,
prouve, non pas le mérite de ce poëme, mais
l'avidité de ce temps-là pour les moindres productions. On trouve dans cet ouvrage peu de
richesse dans l'invention, peu de naturel dans
la diction, et un très-faible intérêt. On ne se
douterait pas que le poëte, emporté par une
imagination extravagante, appelle le soleil
le duc des chandelles, les vents les postillons
d'Eole, et le tonnerre le tambour des dieux.

JACQUES CUJAS.

Professeur en droit à Toulouse, est le res-
taurateur de la jurisprudence. La France entière lui accorde la même célébrité. Cujas,
joignit à des talents supérieurs une trempe
d'âme qui le rendit plus estimable que ses
talens. Sa générosité l'a fait surnommer le
père des étudians.

MICHEL MONTAGNE.

Ses Essais , source féconde où puisent encore les philosophes de nos jours , ne sont, au jugement du célèbre Huet, qu'un vaste et fastidieux recueil de bons mots et de remarques. La religion , la morale , les bienséances y sont blessées avec la même licence. Si c'est de là que cet ouvrage tire son mérite littéraire, ce mérite n'est pas à la gloire de l'auteur.

JACQUES AMYOT.

Le style simple et naïf de cet ouvrage rappelle l'ancienne aménité française. Sa traduction des grands hommes de Plutarque est un chef-d'œuvre pour le temps où elle a paru. Amyot eut part aux bienfaits de François Ier qui l'honora de sa protection, et se montra en cela aussi connaisseur que juste et libéral.

DIX-SEPTIÈME SIÈCLE.

SCALIGER.

Un de ces érudits, dont tout le mérite consiste à réformer des dates, à commenter des auteurs, à obscurcir des passages, à force de vouloir les éclaircir, à disserter sur des mots, à savoir médiocrement plusieurs langues, et surtout à dire savamment des injures.

REGNER MATHURIN.

Le temps où il vivait fait qu'on pardonne à son style le nombre d'incorrections dont il fourmille. Mais ce qui ne peut être justifié par aucune raison, ce sont les peintures lascives, les expressions libertines, les injures grossières, et le langage crapuleux dont il a souillé ses écrits. Ce n'est pas ainsi que ses satyres pouvaient réformer les hommes, et venger les mœurs.

BRANTOME

A su répandre dans ses histoires un intérêt piquant. On regrette que, avec des talens exquis pour la narration, cet écrivain ait encouru le reproche d'une trop grande licence. Les lecteurs, jaloux de connaître les vies privées des princes et hommes célèbres de son temps, trouveront dans les histoires de Brantome de quoi satisfaire leur curiosité ; ils n'y trouveront pas toujours l'historien véridique.

DE THOU,

Président au parlement de Paris, connu par son histoire universelle qui ne comprend que soixante-douze ans, a fait concevoir de ses lumières soit acquises, soit naturelles, l'idée la plus avantageuse. Vous trouverez néanmoins dans son ouvrage un ton de partialité qui le rend téméraire dans ses conjectures, trop amer dans ces sensures toutes les fois qu'il s'agit des papes, du clergé et de ceux qui gouvernaient de son temps. D'un autre côté, sa facilité à vanter les talens des chefs des calvinistes a fait douter à bon droit de sa catholicité et l'ont fait même soupçonner d'être du parti pour lequel il témoignait tant d'indulgence. Sa soumission à l'Eglise dans les derniers temps de sa vie a pleinement justifié ses sentimens.

FRANÇOIS DE SALES,

Génie au-dessus de son siècle. Tout ce qui est parti de sa plume est marqué au coin d'une raison lumineuse, et d'une onction pénétrante. Le chrétien fidèle, le vrai philosophe, le littérateur même délicat, trouvent dans ses leçons de morale et dans ses pieuses réflexions de quoi se satisfaire pleinement. Le traité de l'amour de Dieu, l'introduction à la vie dévote, ses lettres sur divers sujets, sont autant de chef-d'œuvres de lumière et de sentiment, capables de dompter les esprits rebelles, et d'émouvoir les cœurs endurcis. Lisez ses ouvrages si vous voulez juger sainement du véritable esprit du christianisme, et des devoirs de la tendre et solide piété. Lisez-les pour apprendre à connaître la solide gloire, et surtout l'usage que l'on doit faire des talens.

BERGIER,

Docteur en théologie, occupe un des pre.

miers rangs parmi les défenseurs de la religion. Il a réfuté les ouvrages impies, pulvérisé cet amas d'objections accumulées par la mauvaise foi; en un mot, il a forcé l'incrédule jusque dans ses derniers retranchemens, et, le flambeau à la main, l'a contraint de reconnaître ses erreurs. Tel est le but de cet estimable écrivain dans ses Preuves du Christianisme, dans le Déisme réfuté par lui-même, et dans ses Réponses au Système de la Nature. La certitude de la preuve du christianisme du même auteur, lui donne la première place parmi les vrais apôtres de la religion. Lisez ses ouvrages, et vous sentirez, jeunesse imprudente, combien sont frivoles, contradictoires, absurdes, les raisonnemens de vos philosophes; et combien sont solides, raisonnables et consolans les principes sur lesquels le christianisme est établi.

DE MALHERBE,

Au jugement de Despréaux, a été parmi nous le créateur de la belle poésie. Son ode à Louis XIII est un modèle de poésie lyrique; et notre langue, avant Malherbe, ne paraissait pas capable de s'élever à ce genre sublime.

JULIEN COLARDEAU,

Poète oublié de nos jours, a droit de se plaindre de l'oubli général où ses ouvrages sont ensevelis.

DE BETHUNE SULLY,

Premier ministre sous Henri IV, a montré dans ses mémoires un génie supérieur qui, lors même qu'il néglige les devoirs de l'écrivain, annonce le grand homme. Un esprit trop marqué de partialité doit néanmoins inspirer de la méfiance.

BLAISE PASCHAL

Est placé, sans contredit, parmi les meilleurs écrivains du siècle de Louis XIV. Ses Lettres Provinciales seront toujours regardées comme un chef-d'œuvre de notre langue, et n'en seront pas moins une satyre inique autant qu'hétérodoxe. On a de Paschal le fond d'un ouvrage très-chrétien dans le petit livre qui a pour titre : Pensées sur la religion. Mais avec un style distingué et une profondeur étonnante, vous y trouverez une froideur, une sécheresse plus propres à resserrer les cœurs qu'à les attendrir. C'est que l'Esprit-Saint ne communique point son onction hors du sein de la véritable Eglise.

GOUDELIN,

Célèbre poète gascon, dont la ville de Toulouse honorera toujours la mémoire, et dont les ouvrages subsisteront tant qu'on parlera la langue dans laquelle ils sont écrits, et qui serviront à la faire subsister elle-même. Goudelin s'est exercé dans les épigrammes, le sonnet, l'épître, l'idyle, les chansons, l'ode et le chant royal, et a excellé dans tous les genres.

RENÉ DESCARTES

Est en Europe le père de la philosophie, et dans tous les pays où l'on voudra bien raisonner. Il possède à un degré supérieur l'art du raisonnement, le talent d'analyser les idées, d'en créer de nouvelles, et de les multiplier par une méditation profonde. L'application qu'il a su faire de l'algèbre à la géométrie est encore un des traits de génie qui sont partis de ce grand homme.

DUFRESNOY

A réussi dans les deux arts qui exigent le plus de talens naturels. Il fut peintre et poëte ; mais son poëme de *Arte Graphicâ* est moins estimé que ses tableaux, où l'on croit retrouver le coloris du Titien, et le dessein de Carrache.

TALON ,

Avocat général au parlement de Paris. Tout annonce dans les huit volumes qu'il a laissés, le grand magistrat, le jurisconsulte éclairé, le bon citoyen. On y rencontre fréquemment des traits où le sénat romain eût pu apprendre ses devoirs, et l'éloquence romaine trouver des modèles.

MOLIÈRE.

Une connaissance profonde du cœur humain, une observation subtile, qui saisissait avec justesse les vices et les ridicules partout où ils se trouvaient, une délicatesse de tact qui discernait à coup sûr ce qu'il y avait de plus saillant dans les travers de la société , l'art de les corriger par une plaisanterie sans aigreur , sans apprêt et toujours naturelle ; voilà ce qui lui a valu le titre de premier comique de tout le théatre connu.

BALZAC

Rendit à l'éloquence française le même service que Malherbe venait de rendre à la poésie. Il fut le premier qui s'appliqua à donner au discours, du nombre, de la cadence et de la grâce, par le choix et l'arrangement des mots , par la dispositions des phrases et le mélange des sons. Mais malgré ses droits à notre estime , on se gardera bien de le prendre pour modèle. Le style boursouflé est le vice dominant de son ouvrage.

GUILLAUME DE LAMOIGNON,

Premier président au parlement de Paris , plus connu par les justes éloges de Boileau et l'oraison funèbre de Fléchier que par ses ouvrages , n'eut pas l'occasion de faire briller ses talens.

FRANÇOIS DE LAMOIGNON

Son fils, dont les plaidoyers peuvent être regardés comme des traités de jurisprudence où l'orateur, l'historien, le naturaliste, le philosophe et même le théologien trouveraient à s'instruire.

SCARRON,

Poète burlesque; les pensées naïves, les expressions ingénieuses, et la gaîté qui échappent par fois à sa muse bouffonne, l'ont sauvé de la proscription dont Boileau frappa les Dulot, les d'Assouci qui conservaient avant lui de sots admirateurs. Le Virgile travesti de Scarron peut distraire celui qui veut bien en lire cinquante vers de suite. Le roman comique du même auteur, plus piquant, écrit avec pureté, est d'une plaisanterie agréable, et a contribué à la perfection de notre langue.

ABBÉ DE MONTREUL

Connu pas ses productions poétiques. L'auteur avait l'esprit orné et naturellement porté à la galanterie, et il n'a pas déguisé ce penchant dans ses pièces fugitives.

DESBARREAUX.

Conseiller au parlement de Paris, et bel esprit de son temps. Son sonnet fameux résiste toujours à la critique, comme le repentir qui l'a produit sera un monument ineffaçable du triomphe de la religion sur la philsophie.

VAVASSEUR *Jésuite.*

L'élégance et la noblesse de l'expression, n'ont pu sauver de l'oubli ses poésies latines, dépourvues, au reste, d'imagination et de verve. Le père Vavasseur a eu le bon esprit de faire sentir le travers du burlesque, et le courage de l'attaquer dans le temps où il était le plus en vogue.

DE MEZERAI

Son histoire de France, et l'abrégé de cette histoire ont été jusqu'au père Daniel les meilleurs ouvrages que nous ayons eu en ce genre.

PIERRE CORNEILLE.

Ce nom rappellera toujours le père de notre tragédie et le plus étonnant de nos poëtes.

LOUIS MAIMBOURG, *Jésuite*.

Eut, au jugement de Voltaire, trop de vogue d'abord et fut ensuite trop négligé. Ses ouvrages historiques, tels que les croisades, la ligue, le schisme des Grecs, le grand schisme d'Occident, ne manquent point de défauts, mais peuvent plaire encore par le feu et la marche rapide de la narration.

RENÉ RAPIN, *Jésuite*.

Un des meilleurs poëtes latins qu'ait eu notre nation. Virgile avait laissé à d'autres le soin de développer la partie des jardins. Le père Rapin a traité ce sujet et l'a fait avec une supériorité de talent qui prouve la beauté de son génie, ceux qui pensent qu'il est impossible de bien écrire dans une langue morte nous diront, après avoir lu les œuvres du père Rapin, s'il ne connaissait point le mecanisme et toute la finesse de cette langue.

(182)

JEAN CLAUDE,

Ministre protestant. Bossuet, Arnaud et Nicole ont réfuté tous ses ouvrages de controverse qui ont donné lieu à l'excellent livre de la perpétuité de la foi touchant l'eucharistie, composé par les deux derniers.

GIROUST, *Jésuite*,

N'a pas l'onction moëlleuse et délicate du père Cheminais, ni une éloquence aussi persuasive. Il est néanmoins compté parmi les bons prédicateurs de son temps.

CHEMINAIS, *Jésuite*,

Occupe le rang le plus distingué parmi les prédicateurs. La route du cœur est sans contredit la première que doit chercher un orateur chrétien. C'est en s'appliquant à sentir et à se pénétrer de ses sujets que le père Cheminais acquit l'heureux talent de la persuasion, et l'onction que l'on remarque dans ses écrits.

DE LA ROCHEFOUCAULD

Doit être regardé comme un génie qui fait

honneur à sa naissance, à son siècle et à sa nation. Ses maximes morales lui ont mérité le titre de moraliste profond et d'écrivain élégant. Il ne faut point cependant l'en croire toujours sur sa parole. Les jeunes gens surtout doivent craindre de se servir de ce témoignage imposant pour appuyer des idées fausses et absurdes, et quelquefois dangereuses. L'auteur des maximes aurait dû se former une idée plus juste de l'humanité.

BENSERADE

A contribué dans ses vers aux divertissemens de la cour de Louis XIV. Il eut, pendant sa vie, une réputation au-dessus de son mérite. Il est aujourd'hui beaucoup moins estimé qu'il ne vaut. Le prévôt du Parnasse (Boileau) méprisait ses rondeaux. C'est en donner une juste idée.

DE LA FARE,

Capitaine des gardes, s'égaya dans les jeux d'une muse badine. Il avait auparavant manié les crayons de l'histoire ; mais le ton satyrique de ses mémoires en a décrédité l'autorité. L'abbé de Chaulieu, son ami, lui inspira le goût des poésies légères. L'amour, le vin, et les plaisirs furent les objets de ses chants.

L'ABBÉ DE SAINT-RÉAL

A écrit en homme d'esprit, et a su répandre dans son style un prestige séducteur ; mais il n'emporte pas le suffrage de la conviction. L'auteur ajustait trop aisément les faits au tour de sa brillante imagination. Sa conjuration de Venise, celle des Graques et l'histoire de dom Charles sont regardées avec raison comme des romans ingénieux.

LA COMTESSE DE LAFAYETTE

S'est exercée dans la composition des romans, en a banni un héroïsme chimérique, et réduit la fiction à la peinture des mœurs, des caractères et des usages de la société.

DESHOULIÈRES ANTOINETTE

A montré des talens distingués dans ses poésies légères pleines de douceur et d'agré-

mens. Ses Idyles surtout offrent des modèles
de poésie bucolique. Si elle eut su se borner
à son vrai genre, elle jouirait d'une place
éminente parmi les femmes qui ont le plus
honoré le Parnasse français.

LA FONTAINE.

Il est fâcheux pour les mœurs que ses con-
tes, qui sont autant de modèles de la narration
la plus piquante, la plus naturelle et la plus
gracieuse, soient en même temps un recueil
de tableaux que la jeunesse doit redouter ; la
simplicité de l'auteur était bien éloignée d'en
prévoir tout le danger.

MALEBRANCHE,

Prêtre de l'oratoire, fut un philosophe,
mais un philosophe chrétien. Il eut la gloire
de n'avoir à se reprocher que les erreurs atta-
chées à la faiblesse de l'esprit humain. Jamais
homme n'a poussé plus loin que lui le talent
de mettre à la portée de tous les esprits les
idées les plus profondes et les plus abstraites.
Jamais philosophe ne sut mieux orner la raison
des richesses de l'éloquence.

DE LAMOTHE LEVAYER,

Précepteur du frère de Louis XIV, n'a pas toujours fait un bon usage de son savoir. On peut le regarder avec Montagne et Bayle comme un de ces sceptiques qui, voulant tout approfondir, n'ont rien digéré et dont les résultats ne sont qu'un amas d'incertitudes et de ténèbres. Il faut convenir cependant, qu'il a été plus modéré que ces deux philosophes. Il n'admet le scepticisme que dans les sciences et ne l'érige pas en système.

JEAN RACINE.

La poésie française portée au plus haut point d'élégance, de sentiment et de pureté, a consacré sans réserve son nom à une gloire immortelle. Tous les talens du poëte tragique semblent être réunis dans sa personne. Il n'est pas néanmoins sans défauts. L'amour trop souvent introduit dans ses tragédies est un reproche fondé aux yeux des critiques judicieux. Il a même poussé cette passion jusqu'à une afféterie capable de défigurer certains caractères. Le génie de Racine était assez riche pour plaire et intéresser sans ce ressort. Il n'a point été employé dans Athalie, le chef-d'œuvre des théâtres anciens et modernes. Rien, en effet, de plus simple et de plus sublime, de mieux conduit que cette pièce, et cependant point de sujet plus difficile à traiter.

DIX-HUITIÈME SIÈCLE.

BEAUMARCHAIS.

Rien de plus original ni de mieux écrit que ses mémoires contre M. Guisman ; rien de moins comique, dit-on, que ses comédies, toutes opposées à la gaîté et à l'humeur enjouée de Thalie.

JOUVENCY *Jésuite*.

Une latinité pure et élégante, facile, et comparable à beaucoup d'égards à celle des anciens, forme le coloris de tous ses ouvrages. Les notes qu'il a faites sur Horace, Perse et Juvenal, sont des modèles de clarté et de précision. Il est difficile de développer l'esprit d'un auteur avec plus de substance et en moins de mots, contre la coutume des commentateurs.

LÉONARD

A hérité pour l'Idyle du goût et des talens de madame Deshoulières. Ses Pastorales tant vantées offrent un agréable tissu de pensées naturelles, naïves, délicates, et embellies par une versification douce, facile et analogue au caractère de cette espèce de production.

DE RANCE,

Réformateur de la Trape. M. de Voltaire cherche, selon ses principes, à décrier un homme dont les sacrifices, la vertu, la réforme, ont fait tant d'honneur à la religion. Les écrits de cet abbé ont la teinture d'un homme poli par l'usage du monde et cultivé par l'étude de la bonne littérature, ce qui donne toujours un nouveau prix aux ouvrages de piété.

DE BERAULT BERCASTEL

A eu, l'art de réunir dans son Histoire de l'Eglise, ce qu'il y a de plus intéressant et de plus instructif dans l'Histoire Ecclésiastique, en évitant la fatigante prolixité de quelques-uns de ses prédécesseurs et la sécheresse de quelques autres. L'auteur a eu grand soin de placer dans son ouvrage tout ce qui peut servir à développer les dogmes sacrés, la tradition, la discipline et la morale.

DANIEL HUET.

Sa Démonstration Evangélique, l'ouvrage le plus riche, le plus complet et le plus décisif qu'on ait en matière de religion, réunit à la multitude des preuves historiques, un ordre et une force de style qui en rend la lecture intéressante. Associé au grand Bossuet pour l'éducation du dauphin, il traça le plan et dirigea l'exécution de tous ces commentaires utiles qu'on nomme Dauphins. Huet a soutenu cependant des paradoxes dans son traité philosophique de la faiblesse de l'esprit humain ; mais ses paradoxes n'ont rien qui puisse faire croire qu'il ait douté des vérités de la religion. Quoiqu'en disent les incrédules, Huet fut toujours aussi fidèle à ses devoirs, que zélé pour la gloire de la religion, et mourut dans des sentimens dignes des ouvrages qu'il avait publiés pour les défendre.

BOUHOURS *Jésuite.*

La jeunesse doit regarder ses ouvrages comme une école de bon goût. On ne saurait trop leur en recommander la lecture. Ils offrent partout un auteur nourri de la bonne littérature des siècles de Périclès, d'Auguste, et de Léon.

MASCARON

Dut en partie ses succès à un début séduisant. L'impression de ses ouvrages fut un écueil pour sa gloire. Avec le nerf de Bossuet, il n'en a ni l'élévation ni la chaleur. Avec un style assez pur, il n'a ni l'élégance ni la politesse de Fléchier. On se gardera bien de confondre Mascaron avec les orateurs médiocres, et l'on n'oubliera pas qu'il fut le précurseur de Bossuet.

BOSSUET,

Le premier modèle que nous ayons eu d'une éloquence égale et quelquefois supérieure à celle des plus célèbres orateurs grecs et latins.

BOURDALOUE,

Le fondateur de l'éloquence chrétienne parmi nous, est le plus parfait modèle de cette éloquence forte, convaincante et rapide qui entraîne l'esprit et triomphe de la résistance.

BAILLET.

Son jugement des savans lui attira beaucoup d'ennemis, comme s'il n'était pas permis d'apprécier les productions des auteurs, quand ils se soumettent au jugement du public par la voie de l'impression. Baillet a fait aussi des Vies des Saints, mais le style en est inégal, diffus et peu correct.

LE FRANC DE POMPIGNAN.

Les philosophes ont tenté de décrier ses talens parce qu'il a méprisé leurs suffrages et qu'il s'est élevé contre leurs cabales. Voltaire, en particulier, a lancé contre lui mille diatribes; mais pour revenir de ces préjugés injurieux, on n'a qu'à lire ses ouvrages, à étudier son caractère et ses mœurs. Il faut connaître surtout l'estime que lui ont accordé les hon-

nêtes gens. Personne n'atteint de plus près
Racine que Lefranc dans sa tragédie de Didon.
Considéré comme poète lyrique, il a pu rem-
placer Rousseau, auquel il n'est pas inférieur
dans plusieurs de ses Odes. Ses Epîtres, ses
Discours Philosophiques ne ressemblent en
rien à ceux de nos philosophes. Ils sont pleins
de traits de morale, ils offrent à chaque instant les règles du goût le plus sacré.

FLÉCHIER,

Evêque de Nîmes. On a comparé ses Orai-
sons Funèbres à celles de Bossuet sans faire
attention que les comparaisons deviennent ridicules ou au moins inutiles entre deux génies
très-différens. Celui de Bossuet était sublime
en tout, et celui de Fléchier ne paraît avoir en
partage que la noblesse des pensées et l'harmonie de l'élocution. Fléchier ne peut néanmoins être proposé pour modèle. Trop de
penchant à mettre de l'esprit dans ses pensées,
trop d'affectation dans la symétrie du style, trop
de goût pour les antithèses, ne peuvent produire que de mauvaises copies. C'est cette
imitation mal entendue qui a altéré si fort
parmi nous le vrai goût de l'éloquence de la
chaire.

BAYLE,

À le bien considérer, n'est qu'un tissu de contradictions. Que reste-t-il dans l'esprit quand on a lu ses ouvrages? Des objections en réponse à des objections, des doutes pour combattre d'autres doutes, de l'incertitude; voilà le fruit de son savoir, et l'unique présent qu'il fait à son lecteur. Le dictionnaire de Bayle si vanté n'est qu'une compilation indigeste où l'on trouve dix articles inutiles avant d'en rencontrer un intéressant.

FÉNÉLON,

Archevêque de Cambrai, seul homme peut-être qui ait eu le privilége de réunir les plus beaux et les plus heureux dons du génie aux sentimens de l'âme la plus élevée, la plus sensible et la plus vertueuse. Notre nation était réduite à admirer chez les anciens ou les étrangers, les beautés du poëme épique. Fénélon parut, et nous lui dûmes, par son Télémaque, la gloire de pouvoir offrir un chef d'œuvre capable de surpasser peut-être ou du moins de balancer la gloire de ceux qui l'avaient précédé.

MABILLON , *Bénédictin*

Savant dont les ouvrages sont immenses et très-utiles pour la plupart. Ils ont presque tous pour objet des matières de religion ou d'histoires ecclésiastiques. On ne doit pas y chercher le feu de l'imagination ni l'agrément du style. Le père Mabillon s'est borné à la clarté et à la méthode.

NICOLAS BEAUZÉE.

Ses ouvrages de grammaire ne lui donneront jamais un titre à l'estime des savans. Il devait être clair et précis, et il n'a été ni l'un ni l'autre. On juge autrement de ses talens après la lecture de sa traduction de Salluste. Les notes critiques dont il l'accompagne annoncent un législateur instruit, éclairé, et surtout zélé pour les meilleurs principes.

BOULAINVILLIERS.

L'amour des systèmes a détruit presque l'utilité qu'on pouvait retirer de ses ouvrages historiques. On a publié sous son nom plusieurs petites brochures contre la religion, entr'autres le dîner du comte de Boulainvilliers; mais le comte n'a jamais enfanté de pareilles horreurs. Il mourut entre les bras du père Laborde, prêtre de Toulon, qui rendit un compte édifiant de ses derniers sentimens.

CLAUDE FLEURY.

Son histoire ecclésiastique qui finit au concile de Constance, le plus beau et le plus utile monument élevé à la gloire du christianisme, est le titre d'une célébrité durable. Mais quoique cette histoire réunisse à la fois le ton qui convient au sujet, et la plupart des qualités qui caractérisent un grand historien; quoiqu'on y remarque une analyse claire et précise, les tableaux les plus animés; quoiqu'on reconnaisse à la première lecture l'érudition, le discernement et le zèle de l'écrivain, les jeunes gens susceptibles d'ordinaire des moindres impressions, ne peuvent lire cet ouvrage sans quelques dangers ; ils donneront plus prudemment la préférence à Bercastel qui, avec l'exactitude et l'impartialité d'un véritable historien n'a pas affecté comme Fleury de charger ses portraits , et de les présenter avec les couleurs les plus défavorables.

HARDOUIN (*Jésuite.*)

L'immensité de son érudition l'a précipité dans les plus absurdes chimères. A force de savoir , il embrouillait tout. Il prétendait que tous les ouvrages grecs ou latins appartenaient, à l'exception de cinq ou six, à des moines du treizième siècle. On sera surpris après cela d'apprendre que le père Hardouin nous a transmis d'excellens ouvrages d'histoire et de critique , tant il est vrai que le travers de l'esprit n'exclut pas toujours des lumières capables de produire quelquefois de bonnes choses.

DU CERCEAU.

On lit avec agrément ses poésies marotiques quoique inférieures à leurs modèles. Ses deux histoires , l'une , des deux dernières révolutions de Corse , l'autre , de la conjuration de Rienzi sont écrites d'une manière intéressante, et avec un style qu'on rechercherait vainement dans un grand nombre de nos historiens.

DUGUET,

Oratorien, se rapproche quelquefois des écrivains de Port-Royal par la diffusion et le fond des principes défendus si opiniâtrément par cette école trop célèbre; mais dans les objets qui n'intéressent pas ses idées particulières, il se montre constamment habile interprète des écritures, défenseur zélé de l'Eglise, moraliste éclairé, prédicateur sensible de la piété chrétienne et de ses devoirs. Son ouvrage des six jours, ses traités de la prière publique, des principes de la foi, ses caractères de la charité, annoncent l'amour de la vérité, un zèle sincère pour la religion, et une grande facilité pour écrire.

MONTESQUIEU.

L'Europe convient que son esprit des lois est un des plus beaux ouvrages sortis de la main des hommes. Ce ne fut qu'après quatre-vingts ans d'étude, de réflexions et de voyages, que M. de Montesquieu osa prendre sur lui d'instruire les hommes et de s'ériger en législateur des nations. Ses considérations sur les causes de la grandeur et dela décadence des Romains, étonnent par la profondeur des

connaissances du vrai politique et par les observations lumineuses de l'écrivain. Quelques
momens d'ivresse, une vivacité de jeunesse,
une licence trop condamnable lui ont dicté les
Lettres Persannes. C'est à un maître prudent
à noter à ses élèves les erreurs, les propositions
téméraires, peu exactes, échappées à ce grand
homme. Mais il leur enseignera aussi que la
philosophie ne pourra jamais grossir son né-
crologe du nom de Montesquieu. L'auteur de
l'Esprit des Lois fut abusé un moment par une
fausse sagesse, mais il revint à la véritable, et
sa mort chrétienne rappelle ces paroles mémorables adressées à madame la duchesse d'Ai-
guillon. « La révélation est le plus beau présent que Dieu ait pu faire aux hommes.

DE MAUPERTUIS.

Bon philosophe, habile littérateur, ses adversaires se sont déshonorés, en voulant
porter atteinte à sa gloire.

ROLLIN.

Le plus grand littérateur et l'un des meilleurs écrivains qu'ait produit l'université.
Le Traité des Etudes est le livre le plus pro-

pre à inspirer l'amour de la vertu et le goût des lettres. L'histoire ancienne, et l'histoire romaine du même auteur ne sont pas moins estimées. Dans la dernière, Rollin s'est montré plus judicieux, moins diffus et plus animé.

ROUSSEAU, *Jean Baptiste.*

Tant qu'on aura parmi nous l'idée de la belle poésie et le goût des véritables beautés, Rousseau sera regardé comme le génie le plus étonnant que notre nation ait produit. L'ode, cette épreuve des grands talens, a été surtout le genre où il a déployé toutes les richesses de son imagination et de sa verve, en laissant derrière lui tous ceux qui l'ont précédé ou suivi dans la même carrière. Il s'est exercé en d'autres genres de poésie. Il serait à souhaiter que les sujets de ses épigrammes eussent été mieux choisis. On n'a pas oublié qu'il s'est reproché lui-même ses écarts.

MASSILLON.

Son nom est devenu celui de l'éloquence

chrétienne. Il puisait dans la sensibilité de son âme, la douceur, l'abondance, le pathétique et l'élégance coutinuelle qui flattent dans ses productions. Bourdaloue, comme un conquérant redoutable, entraîne, subjugue, force de se rendre aux armes de la raison. Massillon, comme un négociateur habile, procède avec moins de rapidité, avec plus de douceur, quelque fois plus surement, et amène insensiblement au terme qu'il s'est proposé.

LE SAGE.

Des romans distingués de tant de productions bizarres que l'on prodigue sous le même nom avec tant de fécondité, quelques comédies estimées, tel est le fondement de sa réputation.

FRERET.

Ecrivain également célèbre par l'étendue et l'abus du savoir. Tout à la fois chronologiste, géographe, philosophe, mythologiste, grammairien, il n'est utile qu'à ceux qui savent écarter les erreurs, et s'attacher avec discernement aux bonnes instructions qu'il présente.

HELVETIUS.

Depuis le malheureux succès de son ouvrage sur l'esprit, où furent semées tant d'erreurs et tant d'assertions insoutenables, Helvétius eut la prudence de ne rien mettre au jour. L'amour de la célébrité, trop de penchant à se laisser séduire par des insinuations artificieuses, ont été la vraie cause de l'abus qu'il a fait de ses talens, propres d'ailleurs à le faire estimer.

D'AGUESSEAU.

Un des hommes qui font l'honneur de leur siècle, de leur nation, de l'humanité , et pour qui la vénération ne peut qu'augmenter par la succession des temps. La nature qui n'en produit pas souvent de cette trempe, a besoin , pour les former, de réunir tous les talens, toutes les vertus , un esprit capable de toutes les connoissances, un cœur rempli de tous les bons sentimens. Lisez ses sublimes discours, vous entendrez Démosthène parler le langage de Platon. Parcourez ses autres ouvrages, vous retrouverez l'empreinte du même génie.

Mais écoutons-le, quand il parle de la religion. « Les préceptes qu'elle renferme, dit-il, sont la route pour parvenir au souverain bien, que les anciens philosophes ont tant cherchée, et qu'elle seule peut nous faire trouver. C'est elle qui doit animer tous nos travaux, qui en adoucit la peine, et qui peut seule les rendre véritablement utiles. » D'où il tirait cette conséquence foudroyante pour les esprits forts et les cœurs corrompus, que la religion est la vraie philosophie.

LA METTRIE.

Auteur frénétique de plusieurs livres de philosophie qui font également tort aux lettres et à la raison. Son Homme Machine faillit à le conduire sur l'échafaud. Nos philosophes, amateurs passionnés pour la liberté de la presse dont il se réservent toutefois les priviléges, ont beau dire que le choc des esprits produit la lumière ; il est certaines matières sur lesquelles le choc des esprits produit l'embrâsement. Qu'on imprime des inepties, à la bonne heure ; le sage en rit et prend quelque fois la peine de les réfuter. Mais qu'on imprime des atrocités contre Dieu et les hommes, le sage en gémit, et regarderait alors la tolérance comme une faiblesse et une trahison.

DESTOUCHES

Tient un des premiers rangs parmi nos poëtes comiques.

DIDEROT

Est, sans égard aux déclamations des avortons de la philosophie dont il a fait entendre, le premier, les hurlemens parmi nous, un auteur plus prôné que savant, plus savant qu'homme d'esprit, plus homme d'esprit qu'homme de génie ; écrivain incorrect, traducteur infidèle, méthaphysicien hardi, moraliste dangereux, mauvais géomètre, physicien médiocre, philosophe enthousiaste, littérateur enfin qui a fait beaucoup d'ouvrages sans qu'on puisse dire que nous ayons de lui un bon livre.

L'abbé RAYNAL.

Ses histoires du parlement d'Angleterre et celle du Stathouderat, annoncent le brillant de l'esprit, la fécondité de l'imagination, mais ne lui peuvent mériter le titre d'historien dont il n'a pu saisir le caractère.

CALMET *Bénédictin.*

Le plus utile de ses ouvrages est le dictionnaire historique, critique et chronologique de la bible. Ce dictionnaire n'est qu'une répétition de son histoire de l'ancien et du nouveau Testament et de son commentaire littéral.

DE FONTENELLE.

Connu par quelques ouvrages, mais en particulier par son livre de la pluralité des mondes. Son nom peut servir à deux époques chez notre nation, au développement de la philosophie et à la corruption du goût.

DE LA GRANGE CHANCEL.

Ses Philippiques sont aussi pleines d'énergie que de fiel et d'atrocités, et la poésie n'en fait pas oublier les monstrueux écarts. La malignité de son caractère ne l'abandonne presque jamais. En lisant l'historique de sa vie, on y trouve des traits qui servent à faire connaître que les talens sont toujours dangereux pour les mauvais caractères.

RÉGNARD.

Le meilleur de nos poëtes comiques après Molière, en ce qu'il a le plus approché du génie de ce grand homme.

BOULANGER.

Ingénieur des ponts et chaussées, aurait mieux fait de suivre cet avis de Despréaux : » Soyez plutôt maçon, si c'est votre talent, que d'infecter le public de plusieurs ouvrages. Son christianisme dévoilé est une diatribe remplie d'extravagances, de blasphêmes, d'imprécations et de raisonnemens aussi absurdes que rebutans. Il est mort, dit-on, en reconnaissant ses erreurs ; il eût été plus heureux de ne les avoir pas mises au jour.

MIRABEAU.

L'audace des philosophes en est venue au point d'attribuer aux morts leurs productions impies. Le système de la nature publié sous

le nom de Mirabeau prouve que les philosophes n'avaient besoin de rien moins que de
cette précaution, pour débiter sans risque des
principes aussi impies, aussi séditieux que flé-
trissans pour l'humanité.

L'ABBÉ GUÉNÉE.

Principalement connu par son ouvrage in-
titulé, Lettres de quelques Juifs Portugais et
Allemands à M. de Voltaire, où l'on venge
la nation Juive des calomnies de cet écrivain.
On y relève avec force les erreurs, les méprises, les contradictions, les bévues, les ab-
surdités dans lesquelles il est tombé, lorsqu'il
a voulu discuter sur l'ancien peuple de Dieu
et sur les livres sacrés.

MABLY, *Abbé*.

Des douze ouvrages que cet auteur estimable a publiés, il n'en est aucun qui n'annonce un esprit pénétrant et un sage obser-
vateur.

PLUCHE, *Abbé*,

S'est toujours fait un devoir de soumettre

les lumières de sa philosophie au respect dû
à la religion. Le spectacle de la nature se
soutient, malgré les ouvrages de Buffon; et
Pluche aura toujours la gloire d'avoir fait naître parmi nous le goût de la physique et de
l'histoire naturelle.

CHARLESVOIX, *Jésuite.*

On lui doit plusieurs histoires bien écrites,
mais un peu diffuses. L'histoire du Japon est
pleine de tableaux animés. Celle du Paraguais
est également curieuse et instructive.

MÉSANGUY.

Écrivain estimable par l'esprit de religion
et de piété qui anime ses ouvrages; mais inex-
act dans l'exposition du dogme et peu conséquent dans ses écrits. On voudrait également plus de franchise dans la manière d'exposer ses pensées. Son abrégé de l'histoire
de l'ancien testament n'est pas exempt de défauts, non plus que l'exposition de la Doctrine
Chrétienne condamnée par le pape.

Le *Père* ANDRÉ.

Toutes les nations connaissent son essai sur

le beau , production originale qui ne peut être que le fruit du génie. C'est d'après les préceptes qui y sont contenus que les jeunes littérateurs doivent travailler pour obtenir de véritables succès.

Louis RACINE.

Son poëme de la religion est un monument où le talent s'est prêté avec succès aux impressions du zèle. Quand l'auteur se livre à son enthousiasme , sa verve offre des traits que nos poètes les plus sublimes, l'auteur même de Thalie, n'aurait pas désavoués. Le poëme sur la grâce , sans être dépourvu de beautés estimables, a été justement critiqué. Outre la monotonie fatiguante et la sécheresse qui règnent dans ce poëme, dont celui de la religion n'est pas lui-même exempt , on reproche à l'auteur de s'être écarté trop souvent de son sujet pour se livrer à une controverse déplacée.

LA BEAUMELLE.

On a de lui des lettres à M. de Voltaire en réponse au supplément de l'histoire de Louis XIV. M. de Voltaire y répondit par quelques escarmouches qui n'ont fait tort qu'à lui seul. Vous trouverez peu d'ouvrages polémiques qui offrent un aussi grand nombre de traits d'esprit, de vivacité, de force, et de cette éloquence qui suppose autant de vigueur dans l'âme que de chaleur dans l'imagination.

DE LA CONDAMINE.

Ce courageux académicien a fait tout le contraire de Pythagore. Le philosophe de Samos semble n'avoir voyagé que pour rapporter des erreurs, et M. de La Condamine a été nous chercher jusqu'aux extrémités de la terre, des vérités qui ont ensuite enrichi les mémoires de l'académie des sciences.

PIRON.

Tout le monde connaît les libertés condamnables qu'il s'est permises dans les productions de sa jeunesse. On lui doit néanmoins une justice, c'est qu'il ne lui est rien échappé contre la religion. On ne peut même révoquer en doute le repentir qu'il a témoigné de ses œuvres licencieuses. Ces preuves ont été consignées sur les papiers publics.

VOLTAIRE.

De grands talens, et l'abus de ces talens porté
aux derniers excès ; des traits dignes d'admiration, une licence monstrueuse ; des lumières
capables d'honorer son siècle ; des travers qui
en font la honte ; des sentimens qui ennoblis-
sent l'humanité, des faiblesses qui la dégra-
dent ; l'imagination la plus brillante ; le langage le plus cynique et le plus révoltant ; de
la philosophie et de l'absurdité ; la variété de
l'érudition et les bévues de l'ignorance ; de
beaux ouvrages et des productions odieuses ;
des leçons de vertu, et l'apologie du vice ;
des hommages à la religion , et des blasphè-
mes ; des marques publiques de repentir , et
une mort scandaleuse : Telles sont les éton-
nantes contrariétés, qui décideront du rang
que cet homme heureusement unique doit occuper dans l'ordre des talens , et dans celui
de la société.

ROUSSEAU *Jean-Jacques* ,

Tout le monde sait, et cette remarque devient tous les jours plus sensible sous la plume
de nos grands écrivains, avec quelle sécurité
Rousseau a avancé les paradoxes qui se trou-

vaient d'accord avec les dispositions de son humeur et la tournure de ses idées. Qui n'a entendu parler de ses raisonnemens en faveur et contre le duel, de son apologie du suicide, et de la condamnation de cette frénésie, de sa facilité à pallier le crime d'adultère, et des raisons qu'il développe pour en faire sentir l'horreur. Ici, il déclame contre l'homme social ; là, il se transporte pour l'humanité. Tantôt il éclate contre les philosophes, et le fait de manière à favoriser leurs sentimens. Il ose attaquer aujourd'hui la divinité par des sophismes, demain il confondra les athées par des argumens invincibles. Il combat la religion chrétienne par des objections captieuses, et il la célèbre ensuite par les plus sublimes éloges. Ces perpétuelles contradictions sont bien capables de faire connaître combien l'homme est dupe de lui-même quand il ne se laisse conduire que par ses lumières et combien la philosophie est incertaine dans ses idées, quand elle s'écarte des bornes prescrites par l'Auteur de la nature à l'esprit humain.

FIN.

SIÈCLES.	HISTOIRE SAINTE.	HISTOIRE PROFANE.	CRÉATION.
I.	Adam dans le Paradis. sa chute. * 33 ——— 66 ——— 100.	Siècle d'Or, Siècle d'Argent.	* *Nota.* nous n'exigeons pas, d'après notre nouvelle méthode, que l'élève rapporte l'année précise de l'événement qu'il raconte ; ainsi, lorsqu'il indique un fait, il lui suffit de le classer dans une des trois divisions que nous établissons dans chaque siècle.
100.	Meurtre d'Abel. Naissance de Seth.		
300.	Fondation d'Enochia.		
600.	Enoch. Mathusalem Naît.		
700.	Jubal et Tubalcaïn.		La première Époque a duré 1656 ans.
800.	Naissance de Lamech.		
900.	Mort d'Adam.		
1000.	Naissance de l'Idolatrie. Naissance de Noë.		
1500.	Révélation faite à Noë. Naissance de Sem. Fondation de Joppé.		
1600.	Mort de Lamech. Mort de Mathusalem. Déluge. Sem. Cham. Japhet.		DÉLUGE

SIÈCLES.	HISTOIRE SAINTE.	HISTOIRE PROFANE.	CRÉATION.
1600.	Sortie de l'Arche, Naiss. d'Arphaxad fils de Sem. Naiss. de Salé.		DÉLUGE. deuxième Époque. à duré 426 ans.
1700.	Naiss. d'Heber. Naiss. de Phaleg. Tour de Babel. dispersion des hommes. Nemroth à Babylone.	Fondation de Tanis. Siècle d'Airain.	
1800.	Fondation de Ninive par Nemroth.	Rois Pasteurs.	
1900.	Ninus. Premier Empire des Assyriens.	Sémiramis.	
2000.	Mort de Noë. Naissance d'Abraham. 83. Vocation d'Abraham.		Vocation d'Abraham.
2100.	8. Naissance d'Isaac. Sodome et Gomorrhe détruites. Mort de Sem. Mort d'Abraham.	Jnachus premier Roi des Grecs.	
2200.	Bénédiction d'Isaac. Jacob. et Ésaü. Naissance de Lévi. Joseph vendu. Mort d'Isaac.		Troisième Époque, à duré 430 ans.
2300.	Amram et Jocabeth. parents de Moïse. Mort de Levi.		
2400.	33. Naissance de Moïse.	Cecrops à Athènes.	
	Moïse quitte la cour de Pharaon.	Cadmus fonde Thébes en Béotie.	
2500.	Moïse et Aaron chez Pharaon. Sortie d'Egypte. Passage de la Mer Rouge.	Etablissement de l'Aréopage.	Sortie de l'Égypte.

QUATRIÈME ÉPOQUE

SIÈCLES.	HISTOIRE SAINTE.	HISTOIRE PROFANE.	
	14 Les Hébreux au Mt. Sinaï. 14 Construction du Tabernacle. 14 Espions envoyés en Chanaan.	Fondation de troie par Dardanus.	Sortie d'Egypte.
2500.	52. Éléazar. Serpent d'Airain. 53. Election de Josué. 53. Mort de Moïse. Passage du Jourdain. 70 Mort de Josué et d'Éléazar. 91. Othoniel. Juge S.		
2600.	Aod, Juge des Hebreux. Sangar, Juge. Débora et Barac.	Pélops Phrigien dans Le Péloponèse.	La Quatrième Époque, à duré 479 ans.
	Histoire de Ruth.	Tyr renouvellée.	
2700.	Gédéon. Abimelech. Thola. Jaïr.	Ninus fils de Bel Fonde le 1er. Empire des Assyriens. Obélisques.	
2800.	16. Jephté. 17. Sonvœu. Abesan. Ahhialon. Abdon. Naiss. De Samson. Héli. Samuël ; sa vocation. Samson livré ; 87. sa Mort. 88. Prise de l'Arche.	16. Conquêtes de Sémiramis Veuve de Ninus. Prise de Troie. Temps fabuleux. Pyramides.	
2900.	Saül sacré Roi ; 11. son entreprise téméraire. 34. Sacre de David. 49. Mort de Saül. 56. David Sacré Roi sur tout Israël. 69. Son Adultère. Nathan. 89. Sacre de Salomon.	Dévouement de Codrus Colonies Grèques dans l'Asie Mineure. Hyram Roi de Tyr Fournit des Bois à Solomon.	
3000.	1 Temple achevé. 11 sa Dédicace.		Temple de Salomon.

CINQUIÈME ÉPOQUE.

SIÈCLES.	JUDA.	ISRAEL.	ROME.	HISTOIRE ANCIENNE.	HISTOIRE GRÈQUE.
	Temple achevé. Égarement de Salomon. Division de l'Empire des Hebreux. Roboam.	Jéroboam.			
3000.	Abias. Asa.	Nadab. Baasa.			
	Josaphat.	Éla. Zambri. Amri.			
	Joram. Athalie. Joas.	Achab et Jésabel. Ochosias. Jehu.		Fondation de Carthage.	Hésiode Lycurgue.
3100.	Amasias.	Joachas. Joas.			Homère.
	Osias. Joathan.	Jéroboam II.			
		Zacharias. Sellum. Manahem.			Fin des Temps Fabuleux. Olympiades.
3200.	Achas.	Phaceia. Phacée. Osée.	Fondation de Rome.		
1.	Ezéchias. Manassés.	Captivité des dix Tribus. Fin du Royaume d'Israël.	Romulus. — Numa-Pompilius.	Sardanapale 2ᵉ Royaume des Assyriens. Royaume de Babylone. — Salmanasar. Sennacherib.	
2.	Amon. Josias. — Joakim. Sédécias. Prise de Jérusalem. Capti. de Babylone.		Tullus Hostilius. Ancus Martius. Tarquin l'Ancien. — Servus Tullius.		Dracon. Esope. Solon.
3.	Retour de la Captivité.		Tarquin le Superbe.		Pisistrate. Cyrus.

Ici nous laissons l'ancienne chronologie, et nous prenons celle de Rome, plus propre à aider la mémoire des enfants.

SIXIEME ÉPOQUE.

SIÈCLES.	JUDA.	ROME.	HISTOIRE ANCIENNE.	HISTOIRE GRÈCQUE.
3.	Retour de la Captivité. Zorobabel. Fondation du second Temple. — Joachim, grand prêtre. — Esdras et Néhémias.	Servius Tullius. Tarquin le Superbe. — Expulsion des Rois. Établissement du Consulat. Junius Brutus. — Mucius Scœvola. Quintius Cincinnatus. Coriolan.	Cyrus. Cambyse. Pithagore. Thalès de Milet. Darius fils d'Histaspe. — Héraclite. Démocrite. Empédocle. Parménides. — Bataille de Marathon. Xerxès en Grèce. Léonidas. Artaxerxès Longuemain. Socrate. Platon.	Miltiade. Thémistocle. Aristide. Cimon. Lettre de Thémistocle.
4.	Reconstruction de Jérusalem. Joïada, grand prêtre. — Jonathan, grand prêtre. —	Decemvirat, Appius Clodius. Meurtre de Virginie. Decemvirs Chassés. Invasion des Gaulois Sennonais. Manlius Capitolin. Camille. Bataille de l'Allia. Publius Décius.	Decret d'Artaxerxès. Commencement de 70 Semaines de Daniel à la fin de la 81e Olympiade. Hérodote. Anaxagore. Pindare. Darius le batard. Theucidide. Artaxerxès-Mnémon. Hippocrate. Xénophon. Commencement de l'Histoire des Rois de Macédoine. Philippe 1.er Aristote.	Théramène. Thrasibule. Alcibiade. Guerre du Péloponèse. — Épaminondas. Timothée. Iphicrate. Retraite des dix-mille. —
5.	Jaddus, grand prêtre. — Les Juifs sont Tranquilles sous les Rois de Syrie. Éléazar, grand prêtre. Traduction des Septante.	Papirius Cursor. — P. Valérius Léviuus. Caïus-Fabricius. — Manius Curius. 1ere Guerre Punique. 1er Combat Naval, gagné par Duilius. Attilius. Régulus.	Démosthène. Aléxandre le Grand. Darius Codoman. Partage de l'Empire d'Aléxandre. Épicure. Pyrrus Roi d'Epire. — Pyrrus en Italie. Démétrius Poliorcète. Lysimaque. Séleucus. Anthiocus le Dieu. Ptolémée Philadelphe.	Bataille de Chéronée. Zénon. — Ligue achéenné. Aaratus. Philopémen. Les Gaulois fondent la Galatie.

SIXIÈME ÉPOQUE.

SIÈCLES.	JUDA.	ROME.	HISTOIRE ANCIENNE.	HISTOIRE GRÉCQUE.
			Hannon. Amilcar. Asdrubal. Fondation de Carthagène.	
6.	Onias g. p. Simon III. g. p. Persécution du Peuple de Dieu. Matathias. Judas Machabée.	2e guerre punique. Fabius le Grand. Paul-Emile. Bataille de Cannes. Marcellus. Scipion l'Africain. Carthage Vaincue. Romains rédoutés par toute la Terre. Paul-Émile le Macédonique.	Annibal. Syphax Roi des Maures. Annibal chez Prusias. Anthiocus l'Illustre. Persée Roi de Macédoine. Anthiocus-Eupator. Démétrius-Soter.	Archimède.
7.	Jonathas. Simon. Jean Hircan. Aristobule. Alexandre-Jeannée. Hircan II.	Mummius. 3e guerre punique. Scipion l'Émilien. les Graques. Caïus-Marius. Guerre des Cimbres. Métellus Macédonique. Métellus Numidique. 1re guerre Civile. Sylla dictateur. Lucius-Lucullus. Sertorius. Pompée. Cicéron. Jules César.	Ruine de Carthage. Ruine de Numance. Ptolomée Philométor. Démétrius Nicanor. Jugurtha. Mitrydate.	Grèce Soumise aux Romains. Ruine de Corynthe.
8.	Hérode Iduméen.	Crassus chez les Parthes. Bataille de Pharsale. Brutus et Cassius. Mort de Jules César. Triumvirat. Bataille d'Actium. Octave Empereur. César Auguste donne la paix au monde. Jésus-Christ nait.		

SIÈCLES.	ECRIVAINS ECCLÉSIASTIQUES.	ÉGLISE.	PERSÉCUTIONS HÉRÉTIQUES.	FRANCE.	ANGLETERRE.	HISTOIRE ROMAINE. BAS EMPIRE.	POETES. HISTORIENS. ORATEURS.	HISTOIRES DIVERSES.
I.	33 66 100.	Conciles Généraux. Papes. St. Pierre 1er pontife 1er Concile de Jérusalem. St. Lin 1er Successeur. St. Clet. St. Clément.	Simon le Magicien, Cérinthe. Hyménée. 1re persécution génér. sous Néron. Nicolaïtes. Ebion. Ménandre. Pon. S. Domitien.		Conquête de la Bretagne jusqu'à l'Humber Soumission du reste de la Bretagne par Agricola.	Auguste. Tibère. Caligula. Claude. Néron. Galba. Othon. Vitellius Vespasien. Tite. Domitien. Nerva.	Diodore de Sicile. Salluste. Cornélius Népos. Tite Live. Paterculus. Philon. Joseph. Plutarque. Pline le Jeune. Tacite. Pline Naturaliste.	Ruine de Jérusalem.
2.	St. Ignace. Papias. St. Polycarpe. St. Justin. Athénodore. Théophile d'Alexandrie. St. Denis de Corynthe. Hermias.	St. Sixte. St. Pie. St. Eleuthère.	Elxaï. Pon. S. Trajan. Gnostiques. Marcion. Théodote le corroyeur. P. S. Marc-Aurèle. Montan. P. S. Sévère.		Guerres Continuelles Des	Trajan. Adrien. Antonin. Marc-Aurèle. Commode. Pertinax. Sévère.	Quinte-Curce. Suétone. Florus.	
3.	St. Irénée. St. Clément d'Alexandrie. Tertulien. Origène. St. Cyprien. Arnobe.	St. Zéphirin. St. Fabien. St. Etienne. St. Félix.	P. S. Maximin. Novatiens. Tertulien. Sabellius. Origène. P. S. Dèce. P. S. Valérien. Paul de Samosa- thes. P. S. Aurélien. Manichéens. Dona- tistes, Mélécious, Ariens.	Irnés. Sur Le Bas Rhin.	Bretons Contre Les Pictes et les Ecossais.	Caracalla. Héliogabale. Maximin. Dèce. Valérien. Galien. Aurélien. Tacite. Probus. Dioclétien. Maximien.		

ÈRE CHRÉTIENNE.

SIÈCLES.	ÉCRIVAINS. ECCLÉSIASTIQUES.	ÉGLISE.	PERSÉCUTIONS HÉRÉTIQUES.	FRANCE.	ANGLETERRE.		HISTOIRE ROMAINE. BAS EMPIRE.		POÈTES. HISTORIENS. ORATEURS.	HISTOIRES. DIVERSES.
4.	Lactance. Eusèbe de Césarée. St. Hilaire de Poitiers. St. Athanase. St. Basile. St. Ephrem. St. Cyrille. St. Grégoire de Nazianze. St. Ambroise	St. Marcellin. 1er Nicée 1er Œcuménique. St. Sylvestre. Libère. St. Damase. 1er Constantinople. 2e Œcuménique.	10e P.-Gle. Sous Licinius. P. Sous Sapor. Macédonius. Apollinaire. P. S. Julien. P. S. Valens.	Guerres Continuelles Avec	Guerres contre Les Pictes Et les Écossais.		Galère et Constance-Chlore. Sévère. Maximin. Licinius. Maxence. Constantin. Histoire du bas Empire. Constance. Julien l'Apostat. Jovien. Valentinien. Valens. Gratien. Théodose le grand	Empire d'Occid. Honorius. | Empire d'Orient. Arcadius.	Aurélius Victor. Ammien-Marcellin. Eutrope.	Sapor Roi De Perse.
5.	St. Epiphane. Pallade. Ruffin. St. Sulpice-Sévère. St. Augustin. St. Jérome. St. Paulin de Nole. Sozomène. Jean Cassien. Théodoret. Isidore de Péluse. St. Cyrille d'Alexandrie. St. Jean Chrysostome. St. Prosper. Paul Orose. Salvien.	St. Innocent. 1er Éphèse 3e Œcuménique. St. Léon le grand Calcédoine. 4e Œcuménique. St. Simplice.	Pélage. Nestorius. Eutichès. P. De Genserie En Afrique. P. d'Attila dans Les Gaules. P. d'Auxerre Roi des Vandales. P. S. Zénon. P. S. Anastase.	Les Romains. Empire des Francs dans les Gaules. Clovis. Conversion des Francs.	Arivée des Saxons. Hengist. Ella.	Bretons. Honorius rappelle les Légions Romaines. Vortigerne. Vortimer. Ambroise	Valentinien II. Maxime. Avitus. Majorien. Sévère. Ricimer. Anthémius. Glicérius. Romulus. Augustule.	Théodose II. Pulchérie. Marcien. Léon I. Léon II. Zénon. Anastase.		Ataulphe. Alaric. Théodoric I. Dans la Gaule. débordement de Barbares. Attila. Huns. Genseric. Vandales. Suèves. Alains. Visigoths. Armoriques. Sarrasins en Egypte. Théodoric II. Dans la Gaule. Théodoric Roi des Ostrogoths. Odoacre Roi des Hérules.
6.	Ennodius. Boèce. St. Fulgence. Denys le Petit. St. Césaire d'Arles. Cassiodore. Jean le Scholastique Jean le Jeuneur. St. Grégoire de Tours.	St. Jean 1. Vigile. 2e Constantinople 5e Œcuménique. St. Grégoire le grand.	P. des Vandales En Afrique. Origénistes. P. De Cosroës. P. Des Lombards. P. De Lévigilde.	Thierri. Clotaire I. Théodebert. Caribert. Childebert. Gontran. Théodebert II. Chilperick. Sigebert.	Arrivée des Angles. Cerdik. Erkenvir. Ida. Uffa. Crida.	Artor. Bretons. réfugiés dans le Pays de Galles et la Bretagne. Ethelbert. 1er Roi Chrétien.	Chute de l'Empire d'Occident. Empire d'Orient. Justin I. Bélisaire. Justinien I. Narsès. Justin II. Tibere II. Maurice.			Totila. Cosroès Roi de Perse. Longin 1er Exarque. d'Orient. Lévigilde en Espagne.

ÈRE CHRÉTIENNE.

SIÈCLES.	ÉCRIVAINS. ECCLÉSIASTIQUES.	ÉGLISE.	PERSÉCUTIONS HÉRÉTIQUES.	FRANCE.	ANGLETERRE.	BAS EMPIRE.	HISTOIRES. DIVERSES.	
7.	St. Jean Climaque. St. Colomban. St. Isidore de Séville. St. Sophrone. St. Éloi. St. Maxime. St. Ildephonse. St. Fructueux de Bragance. St. Théodore de Cantorbery.	Boniface IV. Honorius. St. Martin Agathon 3e Constantinople. 6e Œcuménique. St. Léon II.	P. S. Mahomet. Monothélites. P. S. Constantin. fl. Monothélite.	Thieri II. Clotaire II, seul. Dagobert I, seul. Sigebert II. Clois II. Clotaire III, seul. Chiléric II. Thierri III. Dagobert II. Clois III. Childebert II. Pepin d'Heristal.	Rodoald. Edavin. Heptarchie Des Anglo-Saxons. Osvald. Elpide. Cesodoualla. Ino.	Phocas. Heraclius. Constant II. Constantin IV. Justinien II. Léonce. Thibère III.	Récavède, en Espagne 1er Roi catholique. *Espagne.* Rodrigue, dernier Roi des Visigoths.	
8.	Le vénérable Bède. St. Jean Damascène. Paul, diacre d'Aquilée. Alcuin.	Sisinius. St. Grégoire II. Etienne I. Etienne II. Papes avec puissance temporelle. Etienne III. Adrien I. St. Léon III. 2e Nicée 7e Œcuménique.	P. S. Les Sarrasins en Espagne. P. S. Léon l'Isaurien Iconoclaste. P. Dans les Gaules par les Sarrasins. P. S. Constantin Copronyme. P. S. Omar II. et Abdalla. Felix d'Urgel.	Dagobert III. Chilperic II. Charles Martel. Clotaire IV. Thierri IV. Pepin le Jeune. Chilperic III. 2e Race. Pepin le Bref. Charlemagne.	Ethelbald. Heptarchie des Anglo-Saxons. Offa. Cenouf.	Justinien III. Philippe-Bardanne. Théodose III. Léon III l'Isaurien. Constantin V. Copronyme. Léon IV. Constantin VI.	*Espagne.* Alphonse le Catholique. Alphonse le Chaste. Astolphe. Didier.	
9.	Paulin d'Aquilée. l'Empereur Charlemagne. Théodulfe. Loup de Ferrières. l'Abbé Smaragde. St. Agobard. Florus. Raban. Prudence de Troies. Paschase Ratbert. Anastase. Hincmar de Reims. Photius. Usuard.	St. Pascal I. Eugène II. Grégoire IV. St. Léon IV. Adrien II. 4e Constantinople 8e Œcuménique.	P. S. Léon l'Arménien. P. S. Michel le Bègue. P. S. Abderame Roi des Maures. Gothescale. Schisme d'Orient. Photius. P. S. Les Normands.	Louis I, le Débonnaire. Charles le Chauve. Louis II, le Bègue. Louis III, Carloman. Charles III, le Gros. Eules. Charles IV, le Simple.	Egbert Le-Grand. Ethelvolt. Ethelbald. Ethelbert. Ethelred. Alfred, le-Grand.	Nicéphore. Michel I. Rhangabé. Léon V, l'Arménien. Michel II, le Bègue. Théophila. Michel III. Basile. Léon VI.	Origine de Venise. *Allemagne* Louis II le Germanique. Empire d'Italie. Lothaire I.	

SIÈCLES.	ÉCRIVAINS ECCLÉSIASTIQUES.	ÉGLISE.	PERSÉCUTIONS HÉRÉTIQUES.	FRANCE.	ANGLETERRE.	BAS EMPIRE.	HISTOIRES DIVERSES.	
10.	Notker de St. Gal. Eutichius.	Léon V.		Robert. Rodolphe.	Edouard I. Athelstau.	Alexandre. Constantin VII.		
	Odon de Cluny Siméon Métaphraste. Atton de Verceil. Odon de Cantorbery.	Etienne VIII.		Louis IV d'Outremer. Lothaire.	Edmon. Edred. Edwy. Edgar.	Romain II.		
	Flodoard. Luit-Prand. Rathier de Vérone. Sévère Égyptien. St. Dunstan de Cantorbery.	Jean XII. Sylvestre II.	Sisinnius renouvelle le Schisme d'Orient. P. S. Le Calife. Haquem.	Louis V le Fainéant. 3e Race. Hugues-Capet. Robert le Saint.	Edouard II, le Martyr. Ethelred II.	Nicéphore. Phocas. Jean I. Zimicès. Basile II et Constantin VIII.	Calife Haquem.	
11.	Sylvestre II. Abbon de Fleury. Dimar. Fulbert. Adémar.	Jean XIX.	Nouveaux Manichéens. P. S. Les Sclaves.	Henry I.	Suenon. Canut Le-Grand.	Constantin VIII, seul. Romain II.		
	Glaber de Cluny. Herman. Alfane.	Benoît IX. Clément II. St. Léon IX. Nicolas II.	Fureurs et Scandales Sous Benoît IX. Martyrs en Hongrie. Bérenger.	Philippe I.	Harold. Canut II Hardik. Edouard III le Confesseur.	Michel IV. Constantin IX. Théodora. Michel V. Isaac I. Constantin X.		
	St. Pierre Damien. Théophilacte. St. Anselme de Lucques. Lanfranc de Cantorbery.	Grégoire VII. Urbain II. Pascal II.	Michel Cérulaire. P. S. Henry IV Contre l'Église Romaine.		Guillaume le Conquérant. Guillaume II, le Roux.	Romain III. Diogène. Michel IV. Ducas. Nicéphore III. Alexis Comnène.	*Allemagne.* Henry IV. Pierre l'Hermite. Croisades. Godefroi, 1er Roi de Jérusalem.	
12.	St. Anselme. Le B. Odert.	Honorius II. Calyxte II. 1er Latran 9e Œcuménique.	Arnaud de Bresse.	Louis VI le Gros.	Henry I.	Jean II, Comnène.		
	l'Abbé Ruipert. Hugues de St. Victor. Sugar. St. Bernard. Pierre le Vénérable.	Innocent II. 2e Latran 10e Œcuménique. Adrien IV.	Abailard Eon de l'Étoile. p. S. Henry V.	Louis VII le Jeune.	Etienne de Blois. Henry II, d'Anjou.	Manuel I, Comnène.	*Allemagne.* Henry V.	
	Pierre Lombard. Jean de Salysbury.	Grégoire VIII, 5e Latran 11e Œcuménique. Clément III.	Pierre Valdo.	Philippe II Auguste.	Richard, Cœur de Lyon. Jean Sans Terre.	Alexis II, Comnène. Andronic. Isaac l'Ange. Alexis III, Comnène.	Saladin.	

ÈRE CHRÉTIENNE.

SIÈCLES.	ÉCRIVAINS ECCLÉSIASTIQUES.	CONCILES, PAPES.	PERSÉCUTIONS HÉRÉTIQUES.	FRANCE.	ANGLETERRE.	HISTOIRE ROMAINE BAS EMPIRE.	HISTOIRES DIVERSES.	
13.	Innocent III. St. Antoine de Padoue.	Innocent III. 4e de Latran, 12e Œcuménique.		Louis VIII. Louis IX.	Henri III.	Empereurs latins : Baudoin. Henry. Pierre. Robert. Baudoin II. — Empereurs grecs. Théodore II. Jean III.		
	St. Thomas d'Aquin. St. Bonaventure. Albert le grand.	Grégoire IX. 1er de Lyon, 13e Œcuménique. Innocent IV.				Suite des Empereurs Grecs. Jean IV.		
	Henry le grand.	Grégoire X. Martin IV. Célestin V. Boniface VIII. 2e de Lyon, 14e Œcuménique.		Philippe III. Philippe IV.	Chambres des Communes. Edouard I.	Michel II Paléologue. Andronic II Paléologue.	Turcs. Ligue Ottomane. *Allemagne.* Rodolphe de Habbourg. *Turquie.* Osman I.	
14.	Jean Scot.	Benoît XI. Vienne \5e Œcuménique.		Louis X. Philippe V. Charles IV. Philippe VI.	Edouard II. Edouard III.	Andronic III.	Orchan.	
	Ste. Brigitte. Ste. Catherine de Sienne.	*Papes :* Clément V. Jean XXII. — Benoît XII. Clément VI. Innocent VI.		Jean.	Batailles de Crécy et de Poitiers.	Jean V Cantacuzène. Jean VI Paléologue.		
		Rome : Urbain VI. Boniface IX. — *Avignon :* Urbain V. Grégoire XI. Clément VII. Benoît XIII.	Jean-Viclef.	Charles V. Charles VI.	Richard II. Henri IV, branche de Lancaster.	Andronic IV. Manuel.	Murad I. Bajazet I.	
15.	St. Vincent Ferrier. Le Cardinal Pierre-d'Ailli. Gerson.	*Pise :* Innocent VII. Grégoire XII. Jean XXIII. — Alexandre V. Constance 16e Œcuménique. Martin V. Bâle 17e Œcuménique.	Jean Hus.	Charles VII.	Henri V. Henri VI.	Jean VII Paléologue.	Soliman I. Mahomet I.	
	Thomas à Kempis, auteur de l'Imitation. Bernardin de Sienne. George Scolarius.	Eugène IV. Félix V. Florence 18e Œcuménique.	Hussites. Jérome de Prague.			Constantin XI Paléologue. Chute de l'Empire d'Orient.	Mahomet II envahit Constantinople.	
	Le Cardinal Bessarion. Pic de la Mirandole.	Pie II. Sixte IV. Innocent VIII.		Louis XI. Charles XIII. Louis XII.	Edouard IV, branche d'York. Edouard V. Henri VII.	Empire Ottoman.	*Espagne* Isabelle et Ferdinand Le Catholique. Découverte de l'Amérique.	

SIÈCLES.	ÉCRIVAINS ECCLÉSIASTIQUES.	CONCILES, PAPES.	PERSÉCUTIONS HÉRÉTIQUES.	FRANCE.	ANGLETERRE.	BAS EMPIRE.	HISTOIRES DIVERSES.	
16.	Voyez Dans l'Essai Analytique	Pie II. Jules II. Léon X. Clément VII. Paul III. Trente, 19e Œcuménique. Pie V. Grégoire XIII. Grégoire XIV. Clément VIII.	Martin Luther. Jean Calvin. Anabaptistes. Zuingle. Sociniens.	François I. Henry II. François II. Charles IX. Henri III. Henri IV.	Henri VIII. Edouard VI. Marie-Elizabeth.		*Espagne.* Charles V. Jésuites. *Espagne.* Philippe II.	
17.	La Notice Sur Les Écrivains	Paul V. Urbain VIII. Innocent X. Alexandre VII. Clément IX. Clément X. Innocent XI. Innocent XII. Clément XI.	Michel-Molinos.	Louis XIII. Louis XIV.	Jacques I. Charles I. Cromwel. Richard. Charles II. Jacques II. Guillaume III, d'Orange.		*Espagne.* Philippe IV. Jean IV de Bragance, en Portugal. *Allemagne.* Léopold I. *Espagne* Charles II. Guillaume III, Statouder en Hollande, Roi d'Angleterre. *Espagne.* Philippe V d'Anjou.	
18.	Des trois Siècles.	Innocent XIII. Benoît XIII. Clément XII. Benoît XIV. Clément XIII. Clément XIV. Pie VI. Pie VII.	Jean Toland. Thomas Wolston.	Louis XV Louis XVI. Louis XVII. Louis XVIII.	Anne Stuart. George I. George II. George III.		Guerre de la succession d'Espagne. *Allemagne.* Joseph I. Charles VI. Charles VII. *Prusse.* Frédéric II. *Allemagne.* Joseph II.	

óne cœnam præparante,
m célebrem penetrémus
aulam.
dum miniſtrat Martha
celer gradu,
terque lætas áſſidet ad
dapes ;
ria, Chriſto tu fra-
granti
aſa reples pretióſa nardo.
s inungens, térgere crí-
nibus
audes ; liquórem fundis
& in caput :
vaſe fracto ; mox inun-
ans,
n novo récreas odóre.
cur iníquo dente lacés-
ſeris,
um glorióſis obféquiis
vacas ?
Jnguenta fundens, ante-
vertis
Exéquias moriéntis Agni.
antùm per orbem Chri-
ſtíadum fides
Diffúſa vaſtas ſubjíciet pla-
gas,
Tantùm Maríæ grande fa-
ctum
Per pópulos reſonábit om-
nes.
us ſumma Patri, ſummaque
Fílio :
Sanctoque compar glória
Flámini,
Quo dante jam nunc ſpon-
ſa Chriſti
Perpétuâ frúitur quiéte.
Amen.
℣. Myrrha, & gutta, &
ſia à veſtimentis tuis, ℞. Ex
ibus delectavérunt té fíliæ
gum. *Pſ.* 44.
Ad Magnificat. Ant. 6. F.
ente benedicti Patris mei

poſſidéte parátum vobis re-
gnum : eſurívi enim, & dediſtis mihi manducáre : ſitívi,
& dediſtis mihi bíbere : hos-
pes eram, & collegiſtis me.
Matth. 25.

Oratio.

PRæſta, quæſumus, Dó-
mine, ut cum Lázaro in
novitáte vitæ ambulantes, te
in tuis cum Martha páscere,
& à te cum María verbi tui
meditatióne pasci mereámur ;
Qui vivis & regnas cum Deo
Patre in unitáte Spíritûs ſancti
Deus, per ómnia ſécula ſecu-
lórum. ℞. Amen.

*Fit Commem. S. Proculæ,
Virg. & Mart. Ant.* Infirma.
℣. Deus. xlj. *Oratio,* Omnípo-
tens. xliv.

D I E III.
In Feſto
S. GREGORII PAPÆ,
& Eccleſiæ Doctoris.

Duplex-minus.

*Omnia ut in Communi Do-
ctorum, additis quæ ſequun-
tur. Oratio,* Deus, coróna.
infrd. 340.

*IN I. NOCT. Lectiones de
Scriptura occurrente.*

IN II. NOCTURNO.

Lectio iv.

GRegórius magnus Gor-
diáni ex Senatório
génere, & ſanctæ Syl-
viæ fílius, Urbánâ præfectúrâ
functus, mórtuo patre, ex
própriis facultátibus ſex in
Sicília monaſtéria, ſéptimum
Romæ ſancti Andréæ nomine
in ſuis ædibus ad clivum

Contraste insuffisant

NF Z 43-120-14

www.ingramcontent.com/pod-product-compliance
Lightning Source LLC
LaVergne TN
LVHW020124060726
842526LV00004B/1253